有趣到不想睡

世界史輕鬆讀

要看懂世界局勢，先從搞懂世界歷史的發展開始！

鈴木旭／著
Akira Suzuki

劉愛夌、李雅婷／譯

晨星出版

前言

用「前所未有的歷史書籍誕生啦！」來描述可能有點誇大，但本書也確實是過去未曾出版過的書籍類型。與其說「明明是世界史卻又參雜了日本史」，倒不如說本書是將日本史基於世界史的概念下撰寫出來的。在世界史單一的時間軸上，列舉了日本史、中國史、美國史、歐洲史、俄羅斯史等等世界史中所涵蓋的各種情事。

可能也會有人認為「區域不同，文化的本質也會有所不同。使用單一的時間軸陳述是否太亂來了呢？」在下此定論前，希望您先翻閱本書，相信一定能夠從中感受到不同以往的論述。在發現過往一直以為毫無關聯或完全相異的事物、事件其實有所連結後，就能夠逐漸看清其中的關連性與因果關係。

是的，在同一個地球上所發生的事情、事件是因為某種連結而產生的，唯有從最源頭的原因去探求，再進而分割成細小區塊上的歷史事件才能完整了解，而系統化地學習這些關連性與關係，便是世界史。筆者本身對這樣的方法堅信不移，持續地依循此法探尋著歷史，也曾認為這已足夠了。

然而到了現今，即便身為日本國民來學習日本史，也不得不從世界史的角度來拓展視野，否則是沒辦法理解的。簡單來說，現代人仍尚未企及過去人們的意識、知識與行動範圍。舉例來說，戰前的日本人雖然沒有辦法像現代人一樣輕鬆地來回世界各地，卻能實際與當時的台灣、朝鮮、滿洲、中國全境、東南亞洲等各國區域及南洋各島有所接觸，這並非是殖民地、侵略或戰爭的問題，而是建立在地理意義、生活感與世界觀上。

但也不需要覺得雙方有著極大的差異而感到沮喪。幕府末期到二次世界大戰敗戰之間的日本人，儘管身高不高，但伸展筋骨昂首挺胸，向著目標勇往直前，我認為是很巨大的存在。雖然可能會被說「這不就是單純地懷舊戰前、留戀過去嗎？」若有這樣子的批評，我深感遺憾。

人類間的格局差異變得非常巨大，現代日本人之於戰前來說，格局反而顯得渺小了。在此，希望各位能透過閱讀本書，理解更加寬闊的世界。

二〇二〇年九月 自宅書房謹記

鈴木旭

有趣到不想睡
圖解世界史輕鬆讀

目次

第2章 古代國家的統一與分裂

第5章 近代國家的誕生

第6章 帝國主義與殖民地經營

第7章 戰爭與革命的時代

第8章 美國體制的成立與崩壞

日文版STAFF
書籍設計 WADE股分有限公司（菅野 祥惠）
插圖 WADE股分有限公司（山岸 全）
DTP WADE股分有限公司（菅野 祥惠、六鹿 沙希惠）

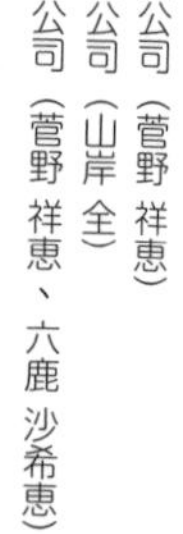

圖解 有趣到不想睡

世界史

輕鬆讀

發明陶器與創造文化的原始日本人

世界上最早以保存與加工糧食為目的之道具——陶器的發明。

西元前1萬5000年左右
日本列島的繩文文化

如果將**日本的繩文文化說成是世界上最古老的新石器文化**，應該有很多人會露出訝異的表情。然而，這是一個毫無疑問的事實，請務必確實地牢記。

西元一九九九年，在青森縣蟹田町的大平山元遺跡中，將出土的無紋陶器上所黏附的碳化物進行年代檢測後，結果顯示為距今一萬六千五百四十年前～一萬五千三百二十年前。雖然在放射性碳定年法的檢測顯示為一萬三千七百八十年前～一萬兩千六百八十年前，但這是與樹木、年輪、珊瑚等資料相互對照下的結果。

如果能以更準確與精密的方式檢測出前述年代結果的話，就沒有理由否定了。儘管如此，三千年的誤差範圍也並非平穩的。然而，在日本福井洞窟（長崎縣吉井町），出土繩文文化草創期陶器——爪形紋陶器的地層下層中，同時發現了隆線紋陶器以及被視為舊石器文化最後石器的細石刃。

其測定的結果為一萬兩千七百（正負五百）年前。其他像是位於長崎縣佐世保市泉福寺洞穴遺跡，出土隆線紋陶器的地層下層也發現了豆粒紋陶器，在神奈川縣大和市也有，顯示出這並非是罕見狀況。重要的是，**這比過去公認為世界上最古老的兩河流域所產的陶器，還要早了七、八千年**。

七、八千年的時間差是什麼樣的概念呢？筆者想要從這邊開始切入世界史。然而，陶器的製作年代並不是只有新與舊的差別，必須綜合性地確認是否**開始進行農業生產活動**、**親手製作織品**、**編織物**、**開始定居生活**等等，若滿足以上條件，便能稱之為世界上最古老的新石器文化了。

繩紋遺跡與草創期德繩紋陶器的出土情況

龜岡遺跡
多次出土遮光器土偶等繩紋晚期代表性的陶器

函館空港遺跡
出土繩紋早期的村落遺跡

大湯環狀列石
繩紋後期建造，內側與外側成同心圓狀排列的列石遺跡

三內丸山遺跡
估計在全盛時期有超過500人的大型村落遺跡，並出土大型掘立柱建築物遺跡。前期到中期約持續了1500年之久。

菜畑遺跡
出土繩紋晚期的水稻田遺跡

福井洞穴
一同出土了1萬2700年前的隆線文陶器與細石刃

板付遺跡
出土繩紋晚期的水稻田遺跡與灌溉渠道的遺跡等等

尖石遺跡
挖掘到豎穴住居遺跡。繩文中期有聚落形成

上野原遺跡
繩文早期的村落遺跡，伴隨近50棟的住所與石塊遺跡，顯示出在當時已經有定居生活的存在

泉福寺洞穴
出土隆線紋陶器與豆粒紋陶器

※許多其他貝塚已被挖掘出來。

Column

曾經渡海的繩文人 在各地被發現的繩文陶器

有個令人意外的消息。

在位於堪察加半島與白令海峽（Bering Strait）間的聖勞倫斯島（St. Lawrence Island）及俄羅斯的聖彼得堡附近的拉多加湖（Lake Ladoga），都曾經出土與繩紋陶器極為相似的陶器，這是由人類學家西村真次先生（早稻田大學教授），於其所著的《世界古代文化史》（暫譯，東京堂）所發表的。

而這個事實暗示日本列島與北美洲、俄羅斯等，可能從繩文時代前就已經有所連結，繩文人過去曾自由地往來穿梭於無障壁的大海。若使用雙人獨木舟或是舷外浮桿獨木舟，船上就能承載小屋，以此便能長時間在海洋上生活。

外野席

約1萬年前的日本定居聚落 鹿兒島縣國分市的上野原遺跡約為西元前7500年左右，是伴隨五十棟左右的住處與石塊遺跡所形成的聚落，顯示早在繩文早期就已經有定居生活形成了。青森市的三內丸山遺跡也出現了規模幾乎相同、甚至更大的聚落（約一個棒球場大小）。北海道的函館空港遺跡群中也發現類似遺址，接二連三地被證實。

孕育農業與都市國家的灌溉技術

灌溉技術在規模較大的都市國家出現。

西元前6500年左右
美索不達米亞文明

美索不達米亞文明的根源來自於底格里斯河（Tigris）中游的小鎮基爾庫克（Kirkuk），其東方台地上所發現的群落——耶莫遺址（Jarmo Site），距今約西元前六千五百年左右，確認除了陶器的使用外，還有栽種小麥並以自然風乾的磚頭所搭造的住居。

這表示定居生活的模式已經成形。

然而，當時**美索不達米亞文明的特徵——灌溉技術**尚未開始，而是以雨水耕作。在西元前六千年代中期，底格里斯—幼發拉底河中游的薩邁拉遺跡中，發現以灌溉為基礎的農業僅約有五百年的歷史，之後才迅速地往下游拓展開來。

做為其象徵的，是在沒有灌溉技術下無法栽種的六條大麥、小麥與亞麻等作物。倘若在底格里斯—幼發拉底河下游，也就是美索不達米亞南部的乾燥地帶使用了灌溉技術，就能夠生產這些作物，也能證實農業生活的存在。

接著，**開墾地急速擴大並形成大規模聚落，出現了以金字塔（神廟）為中心的都市國家**。也讓最初的都市國家於歐貝德文化（Ubaid culture）中出現，在那之後則迎接了新石器文化的集大成——美索不達米亞文明。

能夠農耕的區域飛躍式地拓展，往兩河流域中游、甚至更下游延伸的肥沃沖積平原拓展開來，讓當地逐漸繁盛興起。單以灌溉農耕作為文化來論述，範疇有點太小，因此並非只以自然風乾的磚頭、金字塔的建設、楔形文字的發明等部分來闡明，**集結與展現多種文化要素作為概念，才能以「文明」這個詞彙來表達**。

農耕的發展與社會基礎的變遷

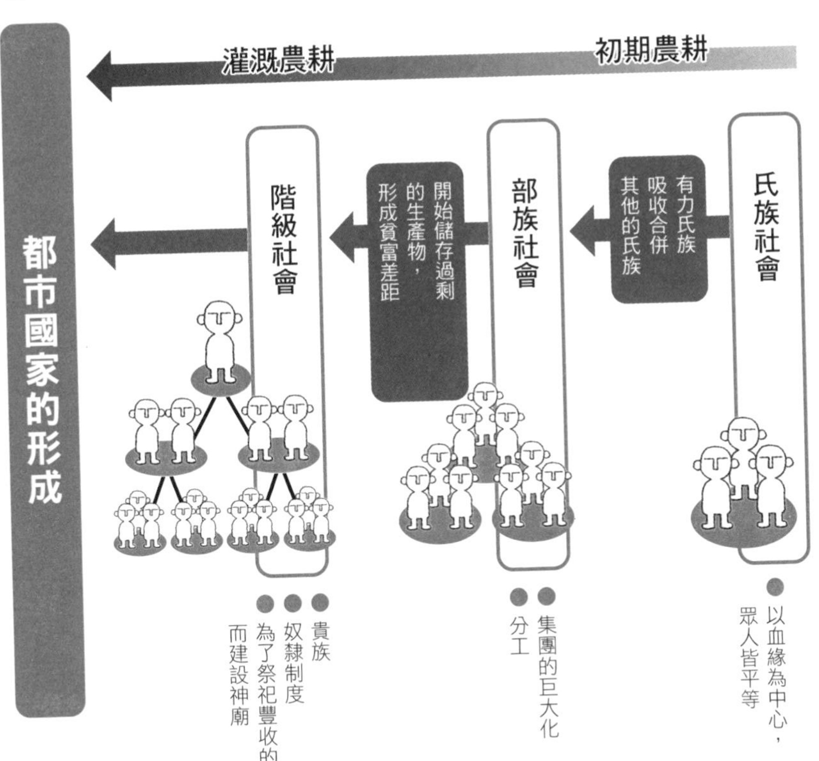

Column

順流而下的現代戰亂地帶，底格里斯—幼發拉底河

底格里斯河全長達一千八百五十公里，以東土耳其的托魯斯山脈為源頭，自土耳其與敘利亞的邊境東側往下，南北向橫貫伊拉克的領土。與幼發拉底河匯流後注入波斯灣。

作為搭檔的幼發拉底河是底格里斯河的一點五倍，長兩千八百公里。也是土耳其最大的湖——凡湖（Lake Va）的源頭。由此可知，這個河川的水源國籍不明，並不屬於任何國家，因此各方的衝突是很難絕跡的。

到了近代，美索不達米亞周邊各國紛紛強硬地宣布獨立，這是因為無視原生部族社會的習慣，而以歐美先進國家的角度來劃分國境界線，才會導致爭鬥戰亂至今仍持續不斷。

外野席

來歷不明？謎一般的蘇美人 在底格里斯—幼發拉底河下游，作為美索不達米亞平原開墾住民的蘇美人，其頭蓋骨遺骸在埃里都（Eridu）、基什（Kish）、歐貝德（Ubaid）等地被發現，卻始終沒有找出特定的人類學特徵。最終的結論為其混合了各式各樣人種特徵的民族，是一個有多數民族共存的世界。

在大河邊綻放的小河文化集合體

解析深入中國華北、華中的多元小文化以及與其中的連結。

西元前
6000～5000年左右
黃河、長江文明

雖然過往的中國史觀認為是「從黃河流域開始將文化傳往各地」，但是一九七〇年代後，在長江流域的河姆渡遺跡（西元前六千年～五千年）進行挖掘調查時，這個說法就已經被修正了，因為其中發現了大量的稻穀與干欄式建築。

另外，因為在中國東北部的遼河周邊也發現了留有文化痕跡的殘留遺跡，**現今以「黃河、長江文明」來統稱，並分類成①遼河流域、②黃河上游、中游、下游、③長江上游、中游、下游，各個小河文化互相影響，同時也獨自發展起來。**

其後如同層層堆疊的高樓般，在二十世紀後半又有了重大發現，在四川省廣漢市發現了三星堆遺址，並出土了大量的青銅器。在預料之外的地區內挖掘出數量眾多的奇異青銅面具，因此蔚為話題。

四川省在地形上與其他地區隔絕，也與黃河、長江兩地文明有所不同，因而被視為外來文明。從中華文明史的史觀來說，因為是在視野範圍之外的土地被發現的，屬於不在掌握之中的「化外之地」，因此出現了認為其並不涵蓋於中國文明的見解。

無論如何，這樣的事實就是接二連三地出現，不只是「黃河文明」，現在的考古學也將**「四大文明」（美索不達米亞、印度、埃及、黃河）一詞被**視為與事實不相符的舊詞彙。

同樣地，仰韶文化與龍山文化原也被視為黃河文明的核心，並往中原地區擴散成為中國文明中心的說法，現今不只被認為與事實相反，更被指出是錯誤的論述。

黃河文明與長江文明的範圍

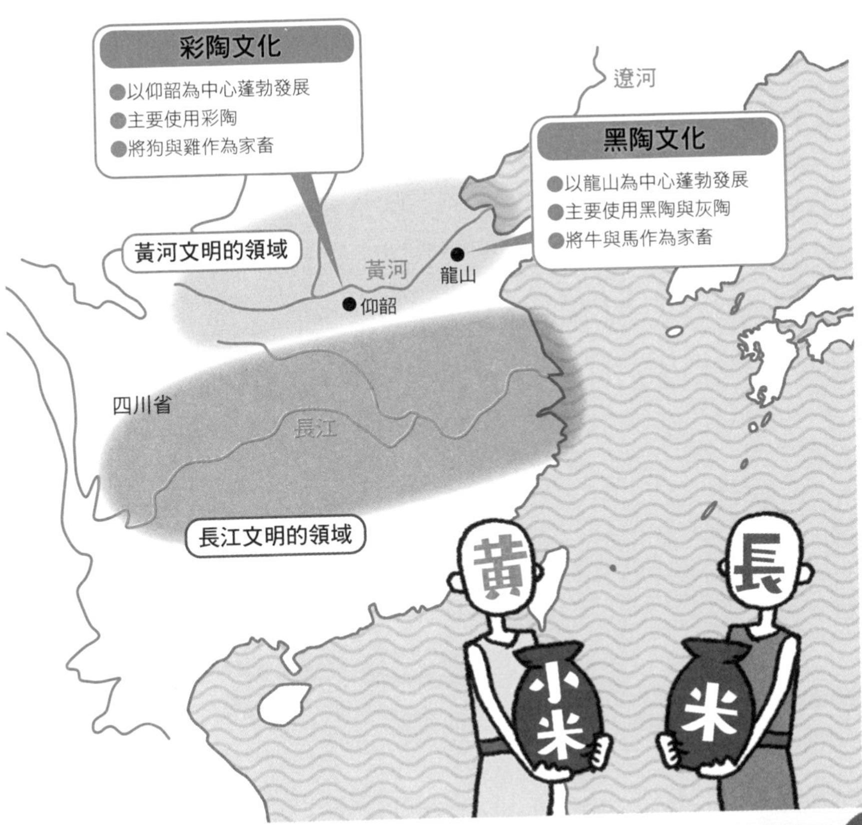

Column

中國歷史觀的崩塌與多元的古代中國文化

一九七〇年代之後，中國考古學在短時間內大幅度進步，並繳出了挖掘到西元前五千年遺跡的巨大成果。山東地區發現了與仰韶文化並列的大汶口文化；當長江下流的河姆渡遺跡被挖掘出來時，也推翻了以黃河為中心的歷史觀點。

由此開始，擁有獨立特質的文化被陸續證實是確實存在過的。黃河在大汶口文化之後又有後岡文化、二里頭文化，長江則有屈家嶺文化、良渚文化等等。

而現今，中國考古學會仍在研究的道路上持續前進，接下來會有怎麼樣的展開，著實難以預料，但是希望能根據事實（調查結果）展現出對多元、多樣的文化帶有正確評價的視角與方法。

外野席 **中國文化不僅只存在於黃河流域** PEOPLE'S REPUBLIC OF CHINA，是中華人民共和國的英文標記。然而為什麼CHINA變成了中華呢？不標明CHINA應該也沒關係吧？是否因為自春秋戰國以來直到現在，中國的歷代王朝都有著「黃河文明地帶＝中原之地＝世界的中心」這一中華思想存在呢？

孕育古代王國與金字塔的母親之河——尼羅河

上下埃及的兩大勢力合體，形成統一的根基。

紀元前5000年左右
埃及文明

雖然現代埃及因位於沙漠地帶而被認為是「沙之國度」，**但因自古以來仰賴著名為「尼羅河恩賜」的大河恩惠，故也是富饒豐收的穀倉地帶。**

每年的七月開始到十月，尼羅河的主流水量增多，自上游將夾帶著肥沃腐葉土壤的泥水順流而下，反覆氾濫的河水讓周邊的土壤因此變得豐饒。在不需額外施肥的情況下，也能於一年之中有二至三次的收成。

尼羅河與底格里斯─幼發拉底河這類時常氾濫的河川不同，因為平時較為穩定，**古埃及人以「流域系統」（basin system，蓄水池灌溉法）進行管理的話，就能讓各自的行政區（nomos，州）之間能夠沒有阻礙，公正地分配與管理土地**，也因此過去幾乎沒有發生過水資源的糾紛。

人們大約是在西元前五千年左右定居埃及並經營農業，確切的農耕痕跡大約是在那之後的五百年，在莫里斯湖畔（Lake Moeris）的法尤姆（Faiyum）文化中首次被發現。除了種植穀物外，也有飼養羊、山羊等牲畜。**而埃及在這之後，分為上下兩部獨自發展，到後期才被統一。**

下埃及在開羅（Cairo）周邊也培育了小麥與大麥，飼養牛、羊、豬、山羊等，雖有聚落的遺跡出土，工具類物品卻相當地貧乏。與敘利亞、賽普勒斯與美索不達米亞等地有很多的共同點，估計是受其影響後發展而成。

接著，文化的傳承很快地來到三角洲基部的馬底遺跡（Maadi，西元前三千五百年），但被置於當時上埃及繁盛的奈加代文化（Naqada culture）強大影響之下，失去其獨特性。不久之後，上埃及主導的王權確立，也使上下埃及統一的時機逐漸到來。

埃及之母—尼羅河

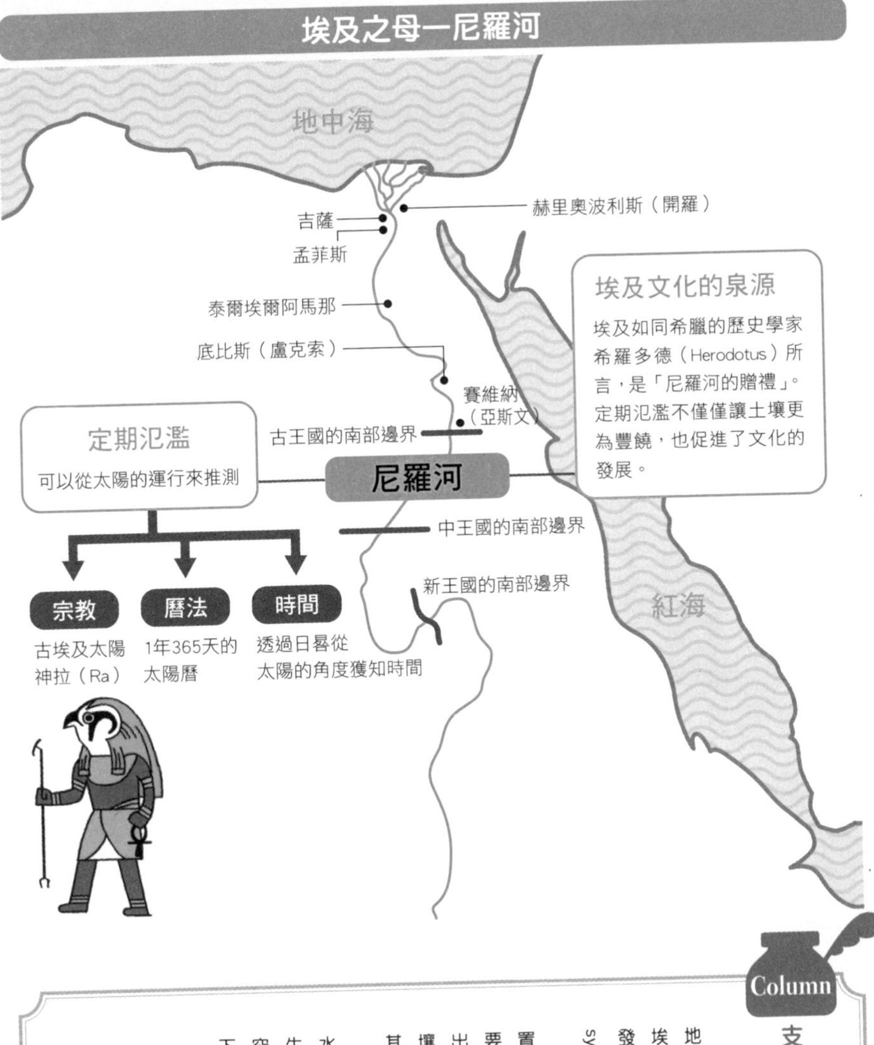

Column 支撐埃及的流域系統

尼羅河在每年夏季都會定期地將水與肥沃的土壤運往埃及。而埃及人為了有效地利用此恩惠，發想出稱為「流域系統」（basin system）的灌溉用水技術。

這是在河水氾濫的水流路徑設置堤防攔水，藉由開關水閘控制必要水量的設施。而這個設施也發展出其他的功能，能夠藉著讓肥沃土壤沉澱，使水分滲透土壤後沖刷掉其中富含的鹽分。

然而現在由於上游有著巨大水壩的關係，不再會有洪水氾濫發生，也讓流域系統失去了作用。這究竟是幸還是不幸呢？實在是很難下定論。

外野席 **百家爭鳴之金字塔爭議的終結點** 根據《太陽與巨石的考古學》（暫譯，法政大學出版局）一書，金字塔相關的研究刊物多達300本以上，其中並不包含商業出版圖書。而其中究竟寫了些什麼呢？天文學？日晷？文明的紀念建築物？供水幫浦？永久的生命維持裝置？對於金字塔的用途，目前仍然沒有定論。

沒有前後脈絡，完美的都市文明之謎

突然開始、突然消失的文明，其真面目仍然未知。

西元前2500年左右
印度河流域文明

說起來，印度河流域文明是什麼樣的文明呢？這是個至今仍無法解答的未解之謎。

二十世紀初，挖掘到的哈拉帕遺跡（Harappa）與摩亨佐—達羅遺跡（Mohenjo-daro），揭開了一個規劃有序，並以此建造出的都市文明全貌。而在此後直到今日的這段期間內，發現的遺跡數量多達六百處。其中在印度發現的有九十六處、巴基斯坦有四十七處、阿富汗有七處，合計多達一百四十七個考古遺址，但仍不能解開其謎團。

現今雖然常稱它為突然出現又忽然消失的都市文明，但隨著分布在廣大版圖中遺跡的調查進展，也可能證明事實並非如此。然而，**扣除摩亨佐—達羅之外，所有的都市在被發現時，都是從最一開始就以完整的都市樣貌呈現。**

也就是說，摩亨佐—達羅是唯一一個留有中途轉變為計畫都市痕跡的遺跡，而且直到最深處無遺物的底層帶之間，有著十二公尺深的文化層。雖然這暗示了一些可能性，但不幸的是因為地下水位的上升，導致挖掘無法進行，希望能儘早解開這個真相。

摩亨佐—達羅是從哪裡來的呢？

至少**以摩亨佐—達羅來說，並未發現其他古代文明中理應能看見的神殿、宮殿或是陵墓等，但城牆與市中心卻有適當的劃分。雖然被洪水多次破壞，卻每次都能分毫不差地重新建造，**想必是嚴守著最初的都市規劃。

然而，這個文明到哪裡去了呢？推測應該是從摩亨佐—達羅往東北方推進，傳播至已經被哈拉帕文化所開發的區域，也就是往印度河流域擴散了吧。

印度河流域文明

印度河流域文明利用了熱帶季風氣候，在很早期就發展出稻米的耕作。以此穩定的經濟發展作為背景，從而讓印度河流域的都市文明開始興盛。其中又以摩亨佐-達羅與哈拉帕兩大遺跡為主。

Column

消失的都市文明——在廣大版圖中散落的都市

印度河流域文明的遺蹟群高達六百多個，而將其分布範圍擺在地圖上來看，更是令人驚訝地遼闊。

東邊有著印度的新德里（New Delhi），西邊則是巴基斯坦西側的莫克蘭（Makran）。南邊是康貝灣（Gulf of Khambhat）往下的古加拉特邦（Gujarat），接著北邊是印度最北端的西姆拉（Shimla）丘陵。這個距離算起來，東西端長達一千五百五十公里，南北端則長達一千一百公里。

多虧有印度與巴基斯坦兩國的考古探索，讓研究有了相當程度的進展，但仍沒有發現超越先前所發現的摩亨佐—達羅與哈拉帕的考古遺址。

不知道究竟是遺漏了呢？還是沒辦法繼續研究了呢？

外野席

大浴場是鱷魚的養殖場？ 印度河流域遺跡中，從摩亨佐-達羅的街道往下俯看，能看到有著高台的大浴場，然而這並不是一個用來淋浴的大浴場，而是鱷魚的養殖建設？大浴場長12公尺、寬7公尺、深3公尺，若是當作浴場的話也太深了吧！實際上，也有神話指出「鱷魚是上帝的坐騎」，為此而設有飼養鱷魚的地方。

薩爾貢大帝與漢摩拉比國王的統一與再次統一

從薩爾貢大帝對阿卡德帝國的建設到漢摩拉比國王立法的統治

西元前2300年左右～
古代美索不達米亞

西元前三千年左右，美索不達米亞南部各地中有**蘇美人所建的埃里都**（Eridu）、**烏爾**（Ur）、**烏魯克**（Uruk）、**拉格什**（Lagash）、**舒魯帕克**（Shuruppak）、**尼普爾**（Nippur）、**基什**（Kish）**等等都市國家林立**，圍繞在貿易路徑或水資源的對立情況也隨之增加。

在這之中倖存下來的是**阿卡德的國王——薩爾貢**。薩爾貢成為美索不達米亞最先統一的君王，緊接著侵略了幼發拉底河中游的馬里王國與敘利亞的艾布拉王國（Ebla）。從馬里王國奪取了中游的航運權，從艾布拉王國奪取了金銀礦的產地、伐木的權利與紡織的技術。

而楔形文字在其中扮演了非常重大的角色，包括了從神殿的經營、交易與稅金的紀錄中使用的實用性質文字到形成文章的表現手法。原先只有在蘇美語中使用的楔形文字，也隨之被使用在阿卡德語上。

然而，烏爾第三王朝崛起，阿卡德帝國滅亡後美索不達米亞雖然再次統一，卻也再次陷入亂世的局面，**以巴比倫（Babylon）做為據點的亞摩利人（Amorite）建立了巴比倫帝國，而第六任國王漢摩拉比（Hammurabi）企圖以合併舊蘇美人部落與埃蘭族（Elam），實現全美索不達米亞的和平與統一**。對此策劃了三個戰略。

第一，將逐漸消失的蘇美語文獻翻譯為阿卡德語。第二，將蘇美人的法典集大成編為《漢摩拉比法典》。第三點則是將蘇美人的主神恩利爾（Enlil）與巴比倫的守護神馬爾杜克（Marduk）相結合，確立了「馬爾杜克信仰」。

不可否認的，漢摩拉比國王的權威因此高漲，**希臘人以「Babilli」（上帝之門）一詞稱之，不久之後，原先被稱為「Babel」的小城，逐漸轉變成我們所熟知的巴比倫**。

楔形文字與古巴比倫尼亞王國

蛇	鳥	魚	太陽	意義
				圖像

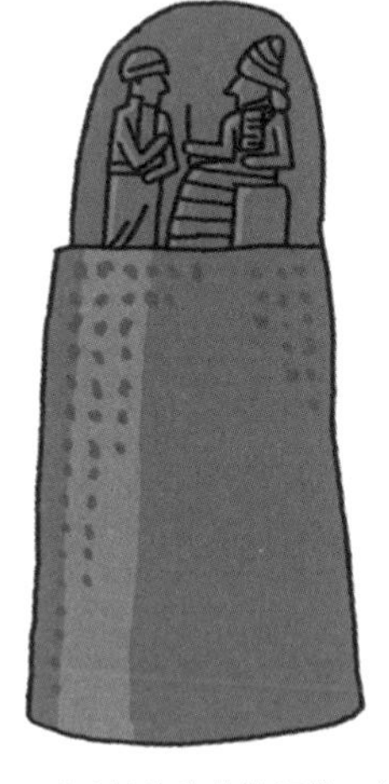

記載了漢摩拉比法典的石柱。刻畫著從太陽神沙瑪什（Shamash）將法典授予漢摩拉比國王的樣貌。

古巴比倫尼亞王國

- 西元前2000年左右，以巴比倫為中心的地區，被閃語族遊牧民族**亞摩利人**入侵，創建了古巴比倫尼亞王國（巴比倫第一王朝）。
- 古巴比倫尼亞王國第六代國王 ── **漢摩拉比**，完成了地區的統一。將蘇美人的法典集大成，制定了**漢摩拉比法典**。
- 漢摩拉比更將蘇美人的神與巴比倫的神相結合，形成了**馬爾杜克神**。
- 古巴比倫尼亞王國首先確立陰陽合曆，同時也建立了閏年的概念。另外，也確立了一週七日制。

Column 為了統一不可或缺的楔形文字的發明

文字分為每個文字都有意思的「表意文字」，與單純表示語音、不存在意思的「表音文字」。前者如日文的漢字等，而後者的代表例子則是拼音字母。

雖然在後來成為單純的表音文字，但其實楔形文字原本是屬於表意文字的。在英國語言學家羅林森（Rawlinson）的釋明下，楔形文字似乎是神官記錄祭祀、書記官記錄法規的工具，甚至也會用於宮廷內部的人事記錄。也正是在被廣泛運用的時期，表意的功能被取代了。

的確，漢字在當初傳到日本時也是這樣，有很長的一段時間就像平假名一樣被當作單純的表音文字。

外野席 **漢摩拉比法典？** 漢摩拉比為了試圖將異族融合統一，因此宣布「以法律來統治」。①另一人被以死刑控訴，卻無法提出證明時，告訴人處以死刑。②孩子毆打父親時，那隻手將會被切斷。③攻擊他人眼睛者，其眼睛也會遭受傷害。④襲擊他人奴隸之眼睛、或使其骨折的人，必須支付該奴隸價值的一半金額等等。

經歷地方豪族成長、混亂的時代後再度統一

尼羅河上游的第十一王朝征服了中下游勢力，迎來前所未有的繁榮。

西元前2050年左右
埃及中王國

在埃及的古王國時代，第四王朝的古夫國王（Khufu）建立了古夫金字塔（又稱吉薩大金字塔），第六王朝之後那些主動出擊的豪族們則率先在自己的出身地以個人想法建造了金字塔。這是因為積蓄了足夠的力量才得以達成的。

而其結果，卻是使得王國四分五裂，形成分散與混亂的時代。第七王朝到第十王朝（西元前二一八一年～西元前二〇五〇年）的這段期間，下游的三角洲地帶受到來自亞洲的遊牧民族西克索人（Hyksos）侵略，加速了混亂與失序的進展。

期間，雖然以尼羅河中游的赫拉克來俄波利斯(Heracleopolis)作為據點的第九、第十兩個王朝勢力有所拓展，**但在西元前二〇六〇年左右，第十一王朝以底比斯（Thebes）作為首都，其君主曼圖霍特普二世（Mentuhotep 二）擊敗了第十王朝，再次完成埃及的統一**。之後的第十二王朝也接續前朝，保有長時間的和平。

這段時期的特點是加速推進了國家內部的發展。歷代的君王們開墾了尼羅河的支流所注入的廣大沼澤地——法尤姆（Faiyum）盆地，讓其成功改頭換面成為穀倉地帶的功績著實偉大。以此為基礎，形成各種文化藝術蓬勃發展的時代。

另外，金字塔的建造行動雖然也復甦了，但卻沒有再看到規模浩大的金字塔試作遺跡，而是以日曬過的磚頭在小規模的建造下完成。其規模止步於人類感官可以理解與掌握的程度。

如此實現了穩定經營的中王國，並沒有大舉地對外遠征，而是透過削弱過去作為諸侯的豪族勢力，企圖實現中央集權化的行政改革。因為與舊豪族間維持著勢均力敵的局面，最終在埃及長久的歷史中，實現了最為繁榮的時代。

埃及王朝的變化①

西元前3000年左右

先王朝時代

- 發展農耕社會，諾姆（行政區）形成
- 行政區被統一，形成了上埃及與下埃及的兩大國家

初期王朝時代
第一王朝～第二王朝

- 上埃及的美尼斯王（Menes）合併了下埃及

古王國時代
第三王朝～第六王朝

- 將首都設於孟斐斯（Memphis）
- 建設金字塔

神權國家的誕生

第三王朝

- 為了作為法老王的墳墓，開始建設金字塔

第四王朝

- 形成真正的金字塔型與整頓形狀
- 神殿分成上下兩個部分

第一中間期
第七王朝～第十王朝

西元前2000年左右

中王國時代
第十一王朝～第十二王朝

- 遷都至底比斯

Column

複雜的埃及古代文字 三種文字的靈活運用

一七九九年，拿破崙遠征至埃及之際，發現羅塞塔石碑（Rosetta Stone）上記載的希臘文字，為闡明古埃及文字帶來了線索。

西元前三千年左右，曾有兩種文字存在。在頌揚法老的石碑或是神殿、墳墓上所刻寫的是聖書體（Hieroglyph，也稱神聖文字）；而在一種莎草紙的紙張上手寫的則為僧侶體（Hieratic，也稱神官文字）。

在中王國時代，聖書體因為改革而簡化，到新王國時代末期，進而簡略製成世俗體（Demotic），其後一直使用到羅馬時代。

根據時代、用途的不同，在使用種類上有各式區分。

外野席 **用於記載神聖文字的莎草紙** 莎草紙的做法是取出莎草的中心部位，將其壓薄伸展之後排列，以濕布夾著後重壓使其乾燥。曾使用於聖書體（神聖文字）所撰寫的「死者之書」。在西元前2050年以後，成為代表中王國時代的古埃及人思想、來世觀的珍貴古物。

不同於東方的地中海燦爛文明

帶有傳說色彩的克諾索斯宮殿所闡述的謎之民族與社會組織。

西元前2000年左右
克里特—邁錫尼文明

克里特（Crete）—邁錫尼（Mycenae）文明，也稱作米諾斯（Minoan）—邁錫尼文明。米諾斯是克里特島之王的稱呼，也有著「克里特島的」之意。

克里特島居於愛琴海的南端，其位處於與東邊的小亞細亞相隔約兩百公里、離南邊的埃及約三百公里、距北邊的敘利亞南岸約五百公里這樣的地理環境，**成為了東方世界與以希臘為中心的地中海世界的中繼站。**

另外，島內有恰如其分的平原地帶，也因為適合進行農業生產，很容易形成統一的共同體。**西元前二千年左右開始，成為地中海東部的中心。克諾索斯（Knossos）、瑪麗亞（Malia）、斐斯托斯（Phaistos）等三個宮殿的建設，也成為具體且有象徵意義的存在。**

西元前一七〇〇年左右，這些宮殿因為遭受地震與海嘯侵襲被一併破壞，之後重建了比先前規模更大的宮殿，形成米諾斯王統治的國家。而也在這個時候，深入支配了基克拉澤斯（Cyclades）群島及希臘本土的一部分，根據遺跡發掘者埃文斯（Sir Arthur John Evans）的研究，首都克諾索斯約有八萬人口，在當時是世界上最大的都市。

頗為有趣的是，**克里特島的宮殿在沒有軍事顧慮之下，將重點大幅放在通風、採光、給水與排水等方面**。環繞大樓梯的挑高設計、讓每個樓層都有日照直射的採光空間，採用陶製的幫浦連接進行給水與排水，像是效法廣闊的愛琴海般來打造。

然而，在西元前一六〇〇年左右，**希臘本土的邁錫尼急速地受到克里特影響**。從優秀的航海民族克里特人那裡習得航海術與交易方式，更讓交易圈有所拓展，進而開始在希臘各地展開殖民活動，並逐漸取代了克里特人。

克里特島與克諾索斯宮殿

克里特島和好幾個以東西向的小島並列延伸。作為政治中心、亦作為海上貿易的要衝而繁榮。是保有如海洋般豁達開闊個性的文化。

克諾索斯宮殿

克諾索斯宮殿讓人想起希臘神話中的迷宮。數以百計的房間配置就像迷宮般錯綜複雜。

Column

米諾陶洛斯的迷宮？利用山丘起伏的複雜宮殿

克諾索斯宮殿是巧妙運用小山丘的起伏所打造的。有趣的是，其配合地形來配置房間，並沒有強行在土地上進行開挖施工。

正因如此，即便是同一棟建築物，屋內的樓層卻有所不同。即便單邊是以二～三層樓搭建，隔壁的房間卻位於四樓也是相當合理的。由於在同個屋簷下卻有著樓層不同的空間排列，就宛如迷失在迷宮裡一般。

針對此點，希臘神話講述了一個黑暗故事，米諾斯王將人身牛頭的怪物——米諾陶洛斯囚禁在「迷宮」，正是以該宮殿作為原型。然而實際上，房間內部相當明亮，且裝飾有寫實的壁畫。

外野席 **謎一般的克里特人與克里特文字** 克里特文明的主要推手——克里特人到底是誰？又是從什麼地方來的呢？是從埃及、敘利亞、巴勒斯坦方面，還是美索不達米亞呢？他們能自由地往來東地中海，又能與東方的先進地區進行交易。另外也知道過去曾有一種線形文字A，是將類似埃及聖書體的象形文字簡化而成的。

強行推動東方統一的馬匹與鐵之民

壓制安納托力亞高原、進出地中海各都市。與埃及新王國的對策。

西元前1680年
鐵之民族西臺

印度—歐洲語族在西元前兩千年初期開始離開原先居住的中亞與俄羅斯南部，以馬匹與戰車入侵東方各地，建立了新的國家。其中之一的西臺（Hittite），於西元前一六八〇年，**在小亞細亞的安納托利亞（Anatolia）高原上，建立了西臺古王國。**

安納托利亞高原本身就擁有豐富礦物資源，接續了征服原住民哈提人（Hattians）時獲取的製鐵技術，甚至進一步發明了「鋼」，確立了能將鐵製成強韌武器的技術。馬匹與戰車再加上鐵的威力，進而發揮出幾近無敵的戰鬥力。

另外，在地中海方面，敘利亞與巴勒斯坦等沿海的各都市，聚集了交易金礦、賽普勒斯的銅礦、邁錫尼的陶器等貨品的迦南人與希臘的邁錫尼人。與這些都市間的密切交流、結為盟友，為西臺以南的勢力擴張產生助力。

西元前一四三〇年左右，西臺新王國成立。

雖然隨之與埃及新王國反覆地發生激烈衝突，但在西元前一二八五年，以擊退拉美西斯二世（Ramesses II）聞名的卡迭石戰役（The Battle of Kadesh），被刻畫在波阿茲卡雷（Bo azkale，西臺的首都哈圖沙，Hattusa）的公文圖書館所保存的泥板文書與埃及的卡納克（Karnak）神廟內的壁畫上。

然而，**雖然以馬匹、戰車與鐵器壓制了東方，又以無敵的戰力成功入侵埃及，卻被稱作為「海上民族」的未知集團所入侵，因此分裂成多個都市國家。**在西元前八世紀左右被亞述帝國吞併並消失。大膽入侵的「海上民族」，猜測可能是來歷不明的航海貿易集團——腓尼基（Phoenicia）人。

武力是否還是敵不過財富的力量呢？

著重軍事力與戰略力的西臺

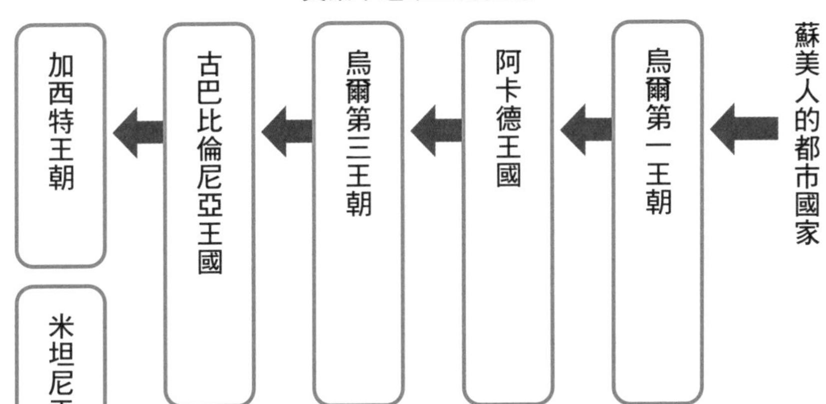

世界上最早實際使用鐵製武器的西臺，運用戰車等軍事力與機動力消滅了古巴比倫尼亞王國，與埃及形成對立局面。

Column

多達三千片的泥板文書，殘存於世界帝國舊首都的官方文書

距離土耳其的首都安卡拉（Ankara）東邊二百公里，位於接近安納托利亞高原中央處的是西臺王國的首都哈圖沙（現在的波阿茲卡雷）。

現在雖然是連草木都沒辦法生長的整排禿山，但過去其實是水資源豐富、被綠色森林包覆的豐饒糧倉地區。在這個地方，發現宮殿與多達三千片刻有楔形文字的泥板文書之收藏庫遺跡。

調查後，發現有以阿卡德語所刻寫，由西臺國王與埃及國王在西元前十三世紀時所簽署和平條約的批准協定。換作是現代，無非就是國與國之間合意停戰的外交文件。

外野席 **比西臺的鐵還古老上千年的鐵？** 在土耳其中部的遺跡裡，發現了估計可追溯至西元前2200～2300年的鐵塊。說到鐵器，雖然有定論表示是於西元前1200～1300年，由鐵之民族西臺人所製造，然而發現的鐵塊卻比這早了近千年。回溯起來，還比西臺之前的原住民哈提人所製出的鐵來得更早，然而這塊鐵究竟由誰所製出的，目前仍然是個謎。

清除侵略者，恢復埃及的榮耀

奪回被遊牧民族西克索人占領的故鄉，再次獻給底比斯之神

西元前1567年～
埃及新王國

西元前一七二〇年左右，從亞洲南下的種族入侵了埃及的三角地帶，占領了孟斐斯。孟斐斯雖然並不是埃及的首都，卻是經濟與宗教的重點要區，實際上與占領埃及是相同的意義。

《埃及王表》的作者曼涅托（Manetho），**將成為埃及新支配者的亞洲人稱之為「西克索人」（意為外來者）**。

西克索人開創了新王朝（第十五～十六王朝），以三角洲地帶作為據點，支配了從埃及中部到敘利亞的廣大地區。

然而，以底比斯（現為盧克索）作為據點的埃及王族們趁著獨立的勢頭高漲，一舉將西克索人成功驅逐，並統一了上下埃及，開創第十七王朝。接著反向壓制了敘利亞與努比亞（Nubia），成為掌握東方主權的帝國（第十八王朝）。

由此揭開了**埃及新王國時代**的序幕。

這個時代的代表人物為圖特摩斯三世（Thutmose III）。每逢遠征之際，都會奉獻大量的戰利品至阿蒙（Amun）神殿。然而隨著阿蒙神官團的勢力急速擴張，甚至干涉到王位，阿蒙霍特普（Amenhotep）三世與四世極力排除阿蒙信仰，轉而推崇阿頓（Aten）信仰。

然而此一嘗試還是失敗了。阿蒙信仰再次成為國家祭祀的中心，而整頓這場混亂局面的拉美西斯一世（Ramesses I）開創了第十九王朝。**拉美西斯二世，在長達超過六十年的統治期間，以大量的巨型建築彰顯其威望，被譽為「古埃及最偉大的國王」**。

在那之後，第二十王朝拉美西斯三世的統治，成了古埃及最後的榮光。此後再也沒能重現埃及統一的榮景。

埃及王朝的變化②

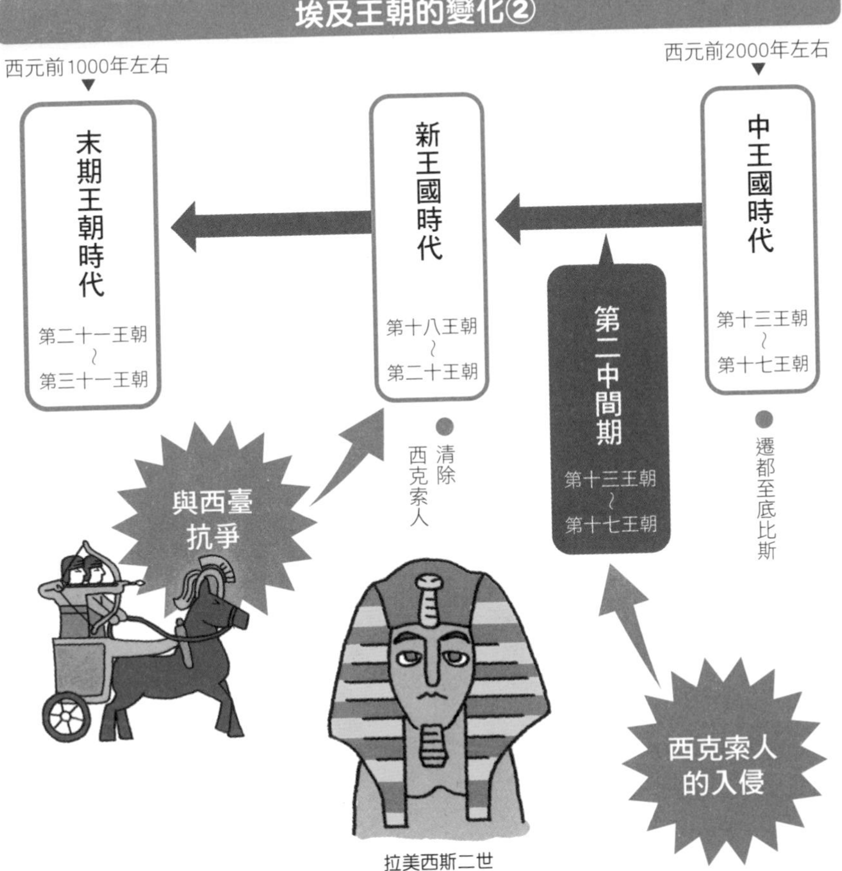

拉美西斯二世

Column 希羅多德教你最上等木乃伊的製作方式

以下由古希臘的歷史學家希羅多德所整理的「教你最上等木乃伊的製作方式」，一步一步地詳細列出具體的介紹。

一、首先，從遺體的鼻孔開始以鐵鑿子進入將腦袋摘除。

二、將腹部側邊切開取出內臟，內部以油、香料清洗，填入沒藥、桂皮等，並將開口縫合。

三、將加工過的遺體泡在蘇打水中七十天，浸泡放置。

四、將遺體取出並洗淨，全身用繃帶裹起來。

五、裝入棺木中，封印過後安置於墓地。

外野席 **觀光聖地「國王谷」** 底比斯（現為盧克索）的尼羅河西岸，存在一個位於岩山山谷之間的石窟墓葬群「國王谷」，其集中了新王國時代先王們的陵墓。圖特摩斯一世在世時，因為有多個陵墓被盜挖，進而開始打造為了將自己的墓隱藏起來的建設。1922年發現了未被盜墓的圖坦卡門陵墓而一時蔚為話題。

11

第一個統一東方世界的專制帝國

以「鐵器與戰車」制霸整個東方，實現第一個世界帝國。

西元前13世紀左右～
亞述帝國

亞述在大約西元前兩千年，就已經占領了底格里斯－幼發拉底兩河川之間的美索不達米亞北半部。一個以阿舒爾神作為最高神信仰的閃族民族就此興起。

自崛起之後，持續了一千四百年以上的亞述，其延續「一統一百一十七代」所保留下來的「王名表」也是相當稀有的。這對於國家興亡變化讓人目接不暇的東方之地來說非常罕見。發揮了近似於東方中央位置的地理之便，透過與周邊各國的商業活動累積了財富。

最一開始，雖然曾受到了米坦尼（Mitanni）的統治，為了擺脫其影響而開始**與巴比倫間的戰爭，與西臺交手也贏得勝利，並成功制霸東方世界，建立穩固的立足點。**

吸收了巴比倫精煉的文化，亞述因此獲得了礦物資源與製鐵技術。

亞述的君王們積極勇敢地發起遠征，以「鐵器與戰車」屢戰屢勝，擴大了領土。而且為了維持發展，將大量捕囚政策視為最重要的策略，也就是強迫被征服的人進行遷居。雖然這對於東方世界來說並不是什麼罕見的事，但是亞述的強制遷居政策是其一大特徵。

不訴諸高壓的武力行動，而是將被其征服的文化、語言、宗教、政治體制等相關情報進行搜集、分析，恰當地使用了軟硬兼施的方式，**可以說是完全確立了世界帝國長期治世的手法**。而這手法也被後來的新巴比倫與阿契美尼德王朝（Achaemenid Empire）繼續傳承下去。

這裡想要強調的是，亞述並非如世上所說那樣簡單，僅以「鐵器與戰車」就能建立與統治世界帝國。

亞述的東方統一

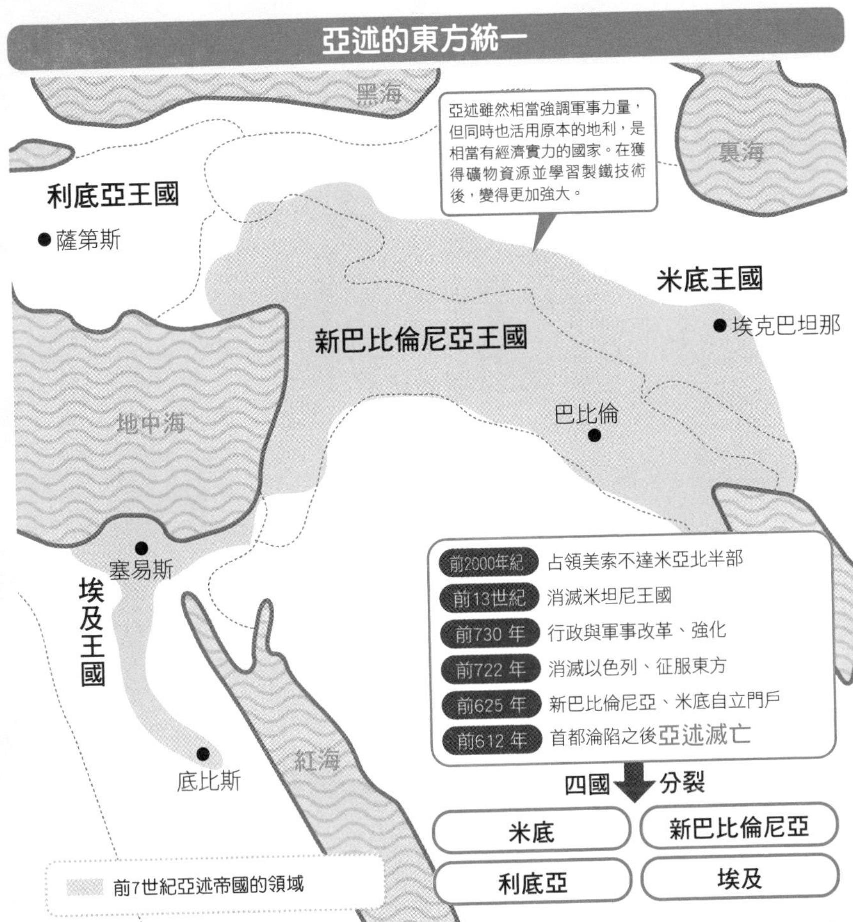

Column 亞述名產「鐵器與戰車」的軍隊是？

亞述軍隊的兵制是以槍兵、弓兵與盾兵所組的步兵，以及使用稱之為「雙輪戰車」的戰車和騎兵所構成。其他的部分也有相當於現代所言的工兵部隊，活躍於渡河或是攻城之際。

亞述軍隊似乎較常以弓兵出擊。於此同時，為了抵擋敵方弓箭並守護己方的士兵，裝備了大型盾牌的盾兵也會同時出動，攻擊與防禦並行。

戰車部隊據悉是在與米坦尼抗戰之時所學到的，更有直屬於君王，被稱之為「足之戰車」的部隊存在。

再者，還有乘坐從東方高原引進強壯的軍馬，使用鐵製武器的騎兵隊，在當時可說是非常活躍。

外野席 **宮殿浮雕所闡述出來之王的姿態** 亞述帝國的宮殿遺跡在考古學上，以收錄在王室文庫中上萬片的泥板文書所聞名。其中受到矚目的是刻在宮殿牆壁上的壁畫，其刻畫了亞述巴尼拔（Ashurbanipal）國王在狩獵獅子、戰鬥場面、王宮庭園內進行享宴等等的樣貌。描繪出強而有力形象的浮雕作為美術作品來說完成度也相當地高。

「海上民族」的地中海交易與殖民城市的建設

藉著黎巴嫩雪松與航海能力巡航於地中海。

西元前
12～6世紀
腓尼基人

面向地中海東部的敘利亞—巴勒斯坦沿岸，在西元前三千年左右開始，閃族的迦南人在此定居，隸屬於埃及王朝從事貿易活動。從發展來看，**推測從這邊發展並形成勢力的正是腓尼基人**。

埃及王朝以黎巴嫩山脈底部產出的黎巴嫩雪松與扁柏，作為珍貴的木材與香精油原料。另外，因為當時沒有能在尼羅河順利往來的平底船，因此對於能從海路搬運大量木材的腓尼基人的船隻與航海能力寄予厚望。**就這樣，腓尼基人就有了活躍的舞台，而於敘利亞—巴勒斯坦沿岸建設了新的都市國家——西頓（Sidon）與泰爾（Tyrus）**。

回到正題，在西元前一二〇〇年左右，巨大的轉捩點隨之到來。多利安人（Dorians）南下破壞了邁錫尼文明，也讓伊奧尼亞人（Ionians）、伊奧利亞人（Aeolis）進入希臘本土。

小亞細亞、敘利亞—巴勒斯坦沿岸則是被來自希臘、愛情海各島的「海上民族」所入侵。

這個結果導致曾統治這些區域的西臺帝國滅亡，埃及新王國的勢力也隨之消退。取而代之的是**在敘利亞—巴勒斯坦繁榮的都市國家中的人們，被分成海上民族與陸上民族，各自有著不同的命運**。

腓尼基人在海岸邊建設都市，致力於海上貿易成了海上民族，亞蘭人（Arameans）則在敘利亞內陸建立了都市，致力於內陸貿易的發展。與亞蘭人有著相同命運的是希伯來人，於西元前十一世紀後半建立了希伯來王國。興盛於大衛王（David）與所羅門王（Solomon）的時代。

在那期間，腓尼基人大幅提升了遠洋航海的能力，陸續建設了迦太基（Carthago）等殖民地。在地中海全境來去自如地進出。

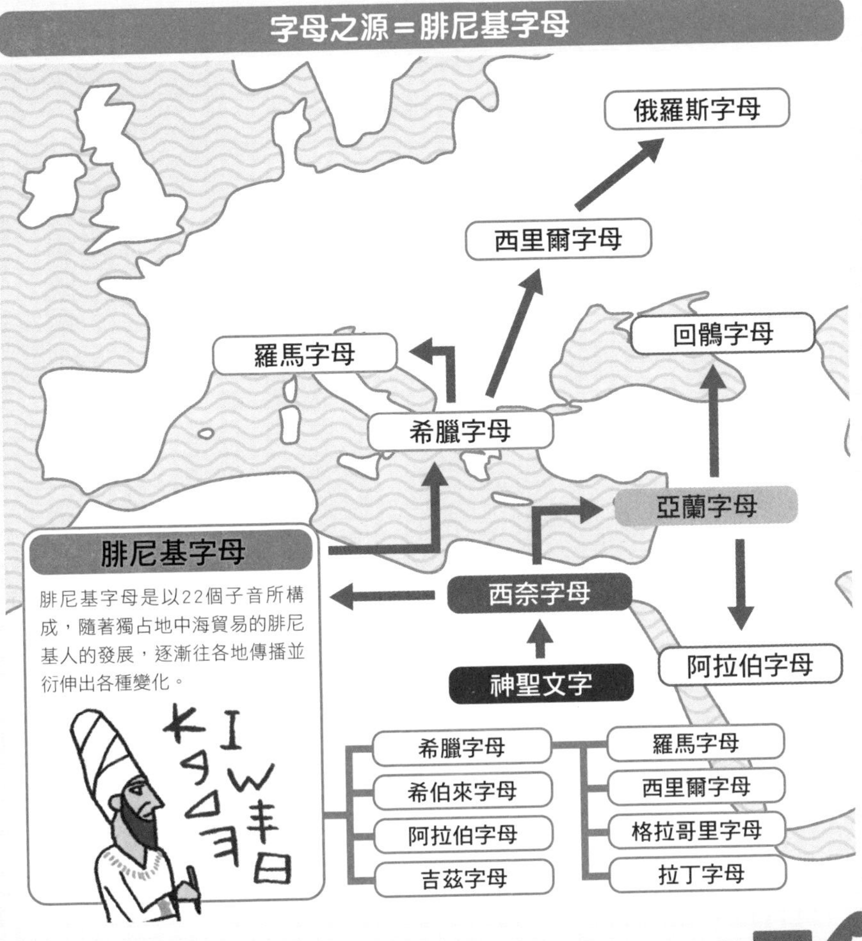

Column 字母是從腓尼基文字開始形成的

腓尼基人繼承了部族之母迦南人的表音文字，其是透過象形文字──埃及的神聖文字（聖書體）所構思出來，可以說是字母的原型。之後腓尼基人將其發展傳播到了希臘。

這個表音文字被稱為腓尼基字母，由二十二個子音所組成；隨著獨占了地中海貿易的腓尼基人的發展，逐漸往各地傳播並衍伸變化，如希臘字母、希伯來字母、阿拉伯字母、吉茲字母等。

由此可見，將腓尼基字母視為字母之母一點也不為過。

外野席 **海上民族腓尼基人與陸上民族亞蘭人**　在古代的敘利亞－巴勒斯坦地區，繁榮都市國家的人民一般可以分為海上民族與陸上民族。海上民族──腓尼基人在海岸建設都市，致力於海上交通。閃語族的亞蘭人則在敘利亞的內陸地區建設都市，使內陸交通變得發達。無論是哪一方都對文字與文化的多樣化發展有所貢獻。

易姓革命，周朝的武王打敗殷朝

古代中國獨特的封建制度，導入重視血統的身分制度並建立嶄新王朝。

西元前11世紀左右
黃河周王朝

西元前二十一世紀～西元前十九世紀左右，**出現了一個以「殷」為名的王朝**（亦稱做商朝），**統治著廣大的黃河流域**。這是一個政教合一的神權國家，農業、軍事等與國事相關的行動均須請示神明，君主便以請示結果作為基礎，執行所有的決策。

然而到了西元前十一世紀，**原屬於殷朝的周武王帶領軍隊起義攻陷了殷朝，以鎬京（現今的西安市）作為首都建立了新王朝**。傳說殷朝的紂王是因為耽溺於對美人妲己的愛而喪失性命的。

回到正題，武王打著「回覆社會秩序」、「在新體制下重建國家」的大旗，使在與殷朝的戰爭立下功績的功臣與各方有力人士獲得封地，並以世襲的諸侯身分負擔繳納貢物與軍事保衛的義務。此外，在諸王與諸侯之下還有稱為「卿、大夫、士」的家臣依序排列，掌管了領地的給予與農民的管理。

繼承了殷朝自然崇拜與祖先崇拜的祭祀權，名正言順地建立代替殷朝執行祭祀的正當性，這稱之為「易姓革命」，也就是說承天命而改革，使有德者成為新的天子、改朝換代的意思。此後，藉由這個說法讓王朝的更替變得正當化了。

這個結果，使上至君王，下至卿、大夫、士，全部都是由同個血統的親屬與家人所構成，以本家的家長為中心進行祖先祭拜，各村莊中的農民也由以土地公為中心，以村落為共同體，接受王侯、士大夫的管理。

關於周朝必須特別記載的是，**其統治期間約有八百年，占了中國四千年歷史的五分之一**。即便到了春秋時代，「禮」的制度也從未消失。

殷朝的建立

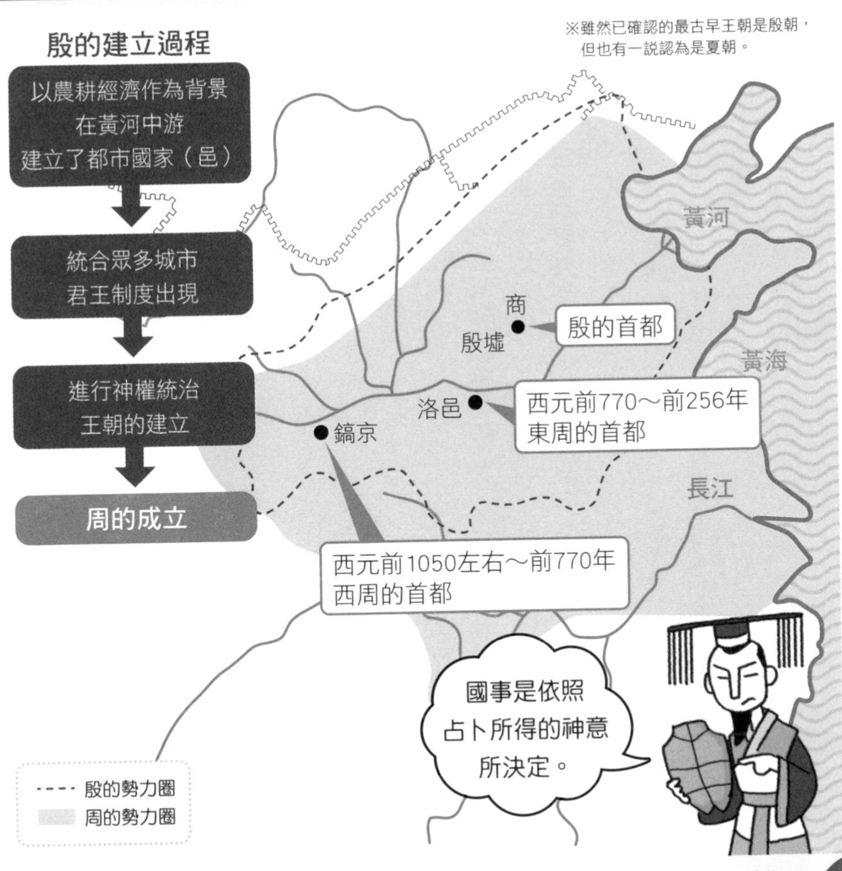

Column

殷紂王溺愛美女？殺害忠臣將其製成醃漬物及肉乾？

傳說殷朝第三十代的紂王是因為寵溺美女妲己，因而喪失了性命。

神權國家的君主應當奉神之命執掌國事，然而紂王卻沒有顧及人民疾苦，沉溺於酒池肉林之中，讓罪犯走在燒成紅色的銅棒上，對其痛苦、逐漸死去的畫面感到歡愉。更在殺害了國家忠臣的三公後，將其醃漬並曬成肉乾。

雖然不知道此說真偽的可信度，因為在國家衰亡之際很容易會有這類的謠言。但殷朝周邊局勢極度地不穩定，對周武王有著嚮往，而聚集在其周邊是不可否認的事實。

外野席 **周朝是「亞洲的希臘—羅馬」？** 希臘—羅馬，成功將古代國家從過去由神明所支配的君權專制中解放，以脫離此束縛為目標，實現了都市國家=公民社會。中國的周朝亦是如此，奉神命治理國家的殷王，因為沉淪於歡愉之中，沒有反思人民疾苦，導致人們聚集在有仁德且具聲望的周武王身邊。

因為雅利安人的入侵所建立的種姓制度

種姓——禁止不同民族間的婚姻及同居，是地方性流行病的預防措施？

西元前11世紀～
印度
種姓制度的建立

西元前十五世紀左右，**入侵了印度的雅利安人（Aryan）定居在印度河流域的旁遮普地區（Punjab）之後，更在西元前十一世紀進入了恆河流域**。這期間，讚頌自然神的**《梨俱吠陀》（Rigveda）**集結而成，為最古老的聖書，傳遞了古印度的樣貌。

回到主題，在恆河流域定居後，曾為畜牧民族的雅利安人開始了農業生活。利用鐵製農器與牛隻進行農耕普及化，讓生產力顯著提升，而這個結果也造成階級的急速分化，必須要有新的社會結構，而這便形成了「**種姓制度**」（Caste）。

印度特有的身分制度，**是從意味著誕生的瓦爾那（Varna）與代表職業團體的迦提（Jati）所形成的**。瓦爾那位於婆羅門（婆羅門教的祭司）中最上層，接著是剎帝利（武士或是貴族）、吠舍（農耕畜牧民、手工業等等的生產者），最下層則是首陀羅（奴隸）。

以上的身分制度雖是在入侵印度時逐漸成形的，但也在深入恆河流域、遇見各式各樣的職業團體後不得不再進行重新編制，世襲的職業團體迦提就是如此分化所屬而成。不管是瓦爾那還是迦提，無論所屬於哪一方，除了禁止通婚之外，在生活上的細節也都有所規範。

這個由瓦爾那與迦提開始構成的制度，稱之為種姓制度，這是源自於初次遇到葡萄牙人之時，使用了自身國家語言中代表血統的詞彙「Caste」，自此開始以「種姓制度」做為稱呼，並非雅利安人的用語。

另外，種姓制度並未反映於現代經濟與政治階層上，貧困的婆羅門與富裕的首陀羅也是存在的。

種姓制度

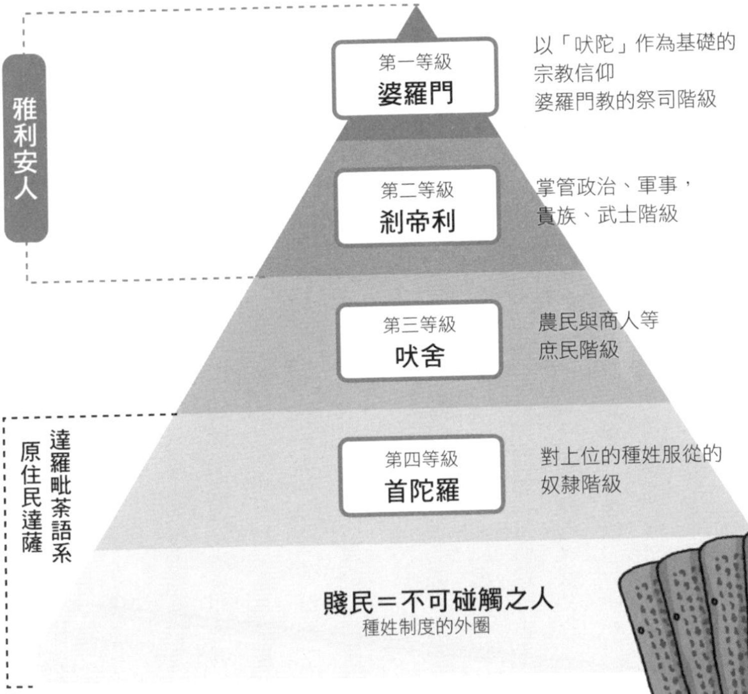

雅利安人

第一等級
婆羅門
以「吠陀」作為基礎的宗教信仰
婆羅門教的祭司階級

第二等級
剎帝利
掌管政治、軍事，貴族、武士階級

第三等級
吠舍
農民與商人等庶民階級

第四等級
首陀羅
對上位的種姓服從的奴隸階級

達羅毗荼語系
原住民達薩

賤民＝不可碰觸之人
種姓制度的外圈

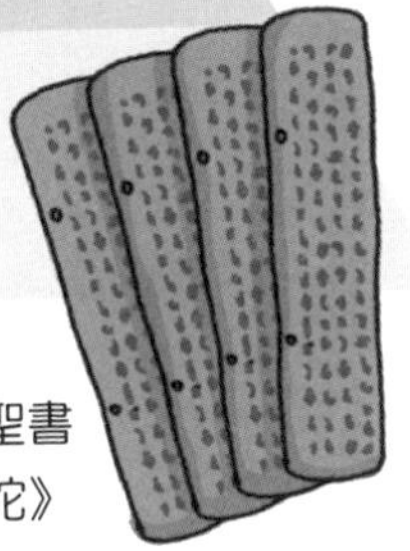

被稱作最古老聖書
《梨俱吠陀》

Column

種姓制度的真正意義：禁止不同民族間的通婚是地方性流行病的預防措施？

若沒有試著聽看看主流的說法是沒有辦法理解的。印度的種姓制度作為上個時代的身分制度，放在現代，可能已是不適用、也不合理的。

然而實際上並非如此。雅利安人從亞洲中央出發，與達羅毗荼人（Dravidian）等原住民混居，並與其相互通婚之際，隨移動距離愈拉愈長，也愈常染上未曾經歷過的傳染病。

雖然原住民有免疫的抗體，但雅利安人卻多因沒有抗體而死亡。為了防範疫情，只能禁止不同民族間的通婚與交往。宛如現在新冠肺炎的防疫政策。

外野席 **日本亦受到《梨俱吠陀》的影響** 梨俱指的是讚歌，吠陀指的是知識。以軍神、雷神身分被知悉的因陀羅神（Indra）與帝釋天相似，死者之王閻魔是奈落（那落迦—地獄）的支配者閻羅王。以火作為供品的宗教儀式護摩（homa）成了現在神道教的護摩。此外也與希臘、羅馬或祆教均有共通點。東西文化間是否曾有過交流呢？

周朝東遷後約五五〇年之間，動盪不安

即使在亂世之時，也維持周朝權威的春秋到激烈攻防的戰國。

西元前770年～
中國　春秋戰國時代

回顧中國四千年的歷史，讓人驚訝的是約有五分之一，也就是八百年的時間是由周朝所治理的。天下太平安樂，加上穩定的支配與統治，在中國悠遠的歷史中占有一席之地。

然而到了周幽王的時代，因受到犬戎進攻，而後於西元前七七〇年的周平王時代，從鎬京（現在的西安）遷都到洛邑（現在的洛陽）。**一直到秦代成功統一中國大約五百五十年的時間，紛亂頻起，進入激烈攻防戰持續的時代，史稱春秋戰國時代。**

加上之前周王將土地分封予諸侯們，使其各自儲備了勢力，更導致周朝步向在反覆樹敵與結盟（會盟）中被淘汰的時代。在前半的春秋時代，周朝仍保有一定的權威，也尚有敬重王室的風氣，然而到了後半的戰國時代卻完全改變了。

周朝的地位衰落至與諸侯相同等級。**亂世也逐漸演變成以「戰國七雄」為主，紛紛自立為「王」，高呼統一天下的口號。**

造就此時代背景的是鐵製農器的普及，以此為基礎得以進行灌溉與開墾，讓生產力急速地提升，諸侯們巧妙收割了生產力上升的成果，藉此躍昇為一方勢力而存活下來，像是黃河上游的秦與長江流域的楚、吳、越等等。

此一時代，並非只有在軍事上來回激烈攻防。在**春秋時代，闡述王道理念與理想的孔子登場**；而在諸侯各自獨立建國的戰國時期，主張「依法立國」的法家等思想家逐漸受到歡迎。

春秋之名來自於孔子所彙整的魯國史書《春秋》，戰國則是源於《戰國策》。

東周與西周

殷

- 西元前二千年成立，西元前一千五百年左右在小屯建都。相傳為周武王所滅。

西周

- 西元前一千一百年左右成立，建都於鎬京。
- 取代殷朝的統治，施行封建制。
- 西元前九世紀左右，諸侯持續叛亂，形成亂世。
- 西元前七七〇年，異族的犬戎攻陷鎬京，就此滅亡。

東周

春秋時代

- 將首都遷至西周時代所建設的洛邑（東遷）
- 西元前七二二年，作為時代名稱源頭的《春秋》開始編纂。
- 西元前五五二年，孔子誕生。從此之後，陸續出現了新的思想。
- 開始使用鐵製農器。

戰國時代

- 西元前四〇三年，晉國一分為三，韓、魏、趙分別獨立成了諸侯。
- 周王室已有名無實，諸侯的權力大增。
- 秦、楚、燕、齊、韓、魏、趙的七大諸侯爭奪霸權。
- 西元前二五六年，秦滅亡周朝。

秦

- 西元前二二一年，秦完成了統一。政王成了始皇帝。

孔子

Column

諸子百家有何主張？被採用的法家思想

在舊有秩序崩壞下，建立新王國、重整社會秩序的聲音引起迴響時，必定會出現從背後支持的理論與思想。特別是古代中國的春秋戰國這樣熱鬧的時代。

稱作諸子百家的思想家（子）與學派（家）人才輩出，互相爭霸。想必不論是誰都一定曾聽過的吧！孔子、孟子、荀子的儒家；墨子的墨家；老子、莊子的道家、陰陽家；韓非子的法家；孫子兵法等等。

於此之中，為了讓亂世平息，往建立和平秩序國家的方向發展，法家提供了最合適的思想與理論。不單純地倚賴人類智慧，而是以客觀的法律作為建國基礎，因而受到多數人的接納。

外野席 **孔子的平凡人生** 以《論語》被世人所知悉的孔子，其人生其實是很單調的。18歲時擔任了魯國的仕官負責牧場與倉庫的管理。36歲時，因為內亂群起，和君王一同流亡至齊國。後回到魯國主持私塾。51歲歷任官職後，於55歲開始了周遊列國之旅，但卻無人聽取其建言。在68歲時歸國，於73歲時離世。

僅憑神話無法掌握古代國家誕生的全貌

繩文日本到彌生日本的過渡時期，出現國家創立初期的傳承。

根據《日本書紀》記載，神武天皇是出生於庚午年一月一日，於十五歲被立為太子的。四十五歲時，開始立志東征，平定了肥前到宇佐、安藝、吉貝等地，並進攻難波、河內，繞到紀伊並歷經很多的苦難之後，終於征服了大和。最後在畝傍山的山腳與橿原之地開拓了首都。

接著，據說其**在隔年的西元前六六〇年二月十一日，以初代天皇的身分即位**。即位的時間因為是由明治政府將《日本書紀》刊載的時日換算成陽曆的數字推衍而成，所以無法被視為史實。

但是，因此把傳承下來的「神話」拒於門外也是不太妥當的。

第一個理由是，西元前六六〇年在考古學年代上相當於繩文晚期（西元前一千年～西元前三五〇年）。自前期以來，開始選擇性農業耕作並歷經定居生活，讓部落能順利營建，到後期便發展形成大規模的部落。

第二，繩文晚期在氣溫低下、周邊海域的海面溫度降低，讓選擇性農業與漁撈受到毀滅性地衝擊，轉而使稻作與鐵器普及。需要有組織來安排這些生產勞動力。

再來是第三個理由，剛好在同一時期的中國大陸正值春秋戰國時代。各勢力間的興亡競爭激烈，殘敗者的群體大量渡海而來，擅自登陸開墾營地，是一個連安身之地都沒有也不足以說明的時代。

於是，**以稻作部落作為基礎，並搜集鐵器率領武裝集團保衛列島，也不能說只是單方面擴張勢力而完全不考慮國家創生**。雖然可能只是猜想，但完全可以預測，神武天皇也許只是一個象徵性的人格。

初代神武天皇的東征路線（源自《古事記》）

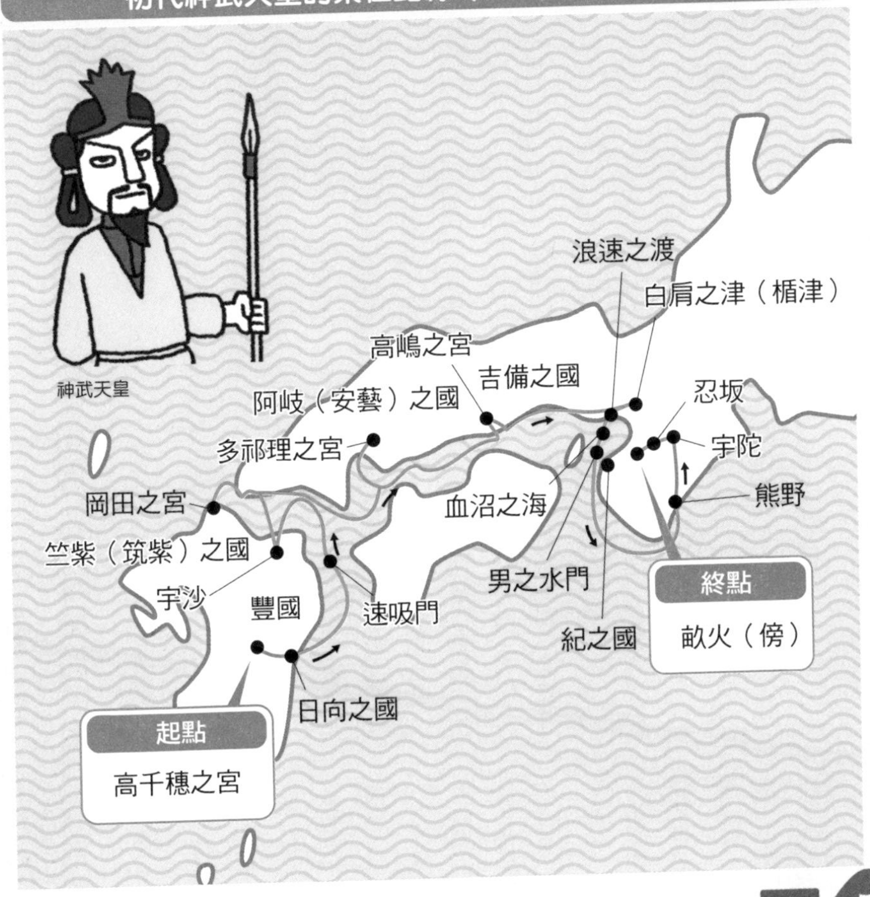

Column

大和之王、那賀須泥毘古

神武天皇的東征，相傳是從日向之地出發，在宇佐和岡田之宮整備武器與兵員，企圖經過安藝、吉備並跨越浪速之渡（明石海峽）進入生駒。卻因碰上原住民的激烈反抗沒能攻破，在歷經眾多磨難後，才進入了大和。

那個時候，讓神武天皇受盡苦難的正是「登美能那賀須泥毘古」（tominonagasunehiko）這個大和的原住民部落族長。根據已故的超古代史研究學家佐治芳彥推測，其或許是居住於三輪山周邊鳥見附近的龍神族（那伽族）的族長。

龍神對上八咫烏的戰爭、繩紋人對上彌生人的戰爭，這些都是登美能那賀須泥毘古與神武天皇的戰爭背後所涵蓋的真相。

外野席

神武即位年代的計算方法？ 之所以將神武天皇即位之年定為西元前660年的理由，是因為《日本書紀》上並無紀錄年分，而明治政府將神武天皇的即位時間，依照推古天皇九年（辛酉，西元前601年）開始計算1260年前的辛酉年分。而為什麼會以推古天皇作為基準呢？這是因為推古天皇和聖德太子是日本史中最早使用曆法的天皇。

統治史上最大帝國的大流士大帝

東至印度河、西至希臘、北至裏海、南至衣索比亞。

西元前550年左右～
波斯　阿契美尼德王朝

滅亡後的亞述帝國分裂成四個王國：埃及、利底亞、新巴比倫、米底。這個勢力版圖直到西元前六世紀，才由阿契美尼德王朝的波斯人所改寫。

定居於伊朗高原，服從於米底王國的**阿契美尼德家族的居魯士二世，在西元前五五〇年將米底王國消滅，接任的岡比西斯二世則征服埃及再次統一東方。其後由第三代的大流士一世建立起龐大帝國。**

東邊從印度河開始到西邊的地中海、希臘北部；北從黑海、裏海開始到南邊的埃及、衣索比亞，形成空前的龐大帝國。首都波斯波利斯（Persepolis，亦稱波斯城）也發展出前所未有的規模，光是宮殿，高度就達到十二～十四公尺，東西向長約三百公尺，南北向也有四百二十八公尺長。

這個帝國並不只是規模巨大而已，更讓新巴比倫遣返捕捉到的猶太人囚犯、將亞蘭語作為官方用語，是一個包容不同民族的帝國。**試圖在涵蓋各民族的文化語言與社會之上，建立出新帝國的支配秩序。**

大流士一世也發揮優秀的統治手腕。在直轄的埃及與巴比倫之外的區域，劃分成二十個管轄區，並設置總督（Satraps）。另一方面則派遣被稱作「國王之眼」、「國王之耳」的監察隊，避免疏於監視。如此這般，顯示出帝王的謹慎用心。

帝都波斯波利斯在西元前三三〇年，被入侵波斯的亞歷山大大帝所破壞。雖然已成為廢墟，但在一九七一年，伊朗的建國二千五百年祭仍選在這個地方舉辦，對於伊朗人來說，是有著特別意義的遺跡，或許也可說是波斯人的聖地。

東方的變遷

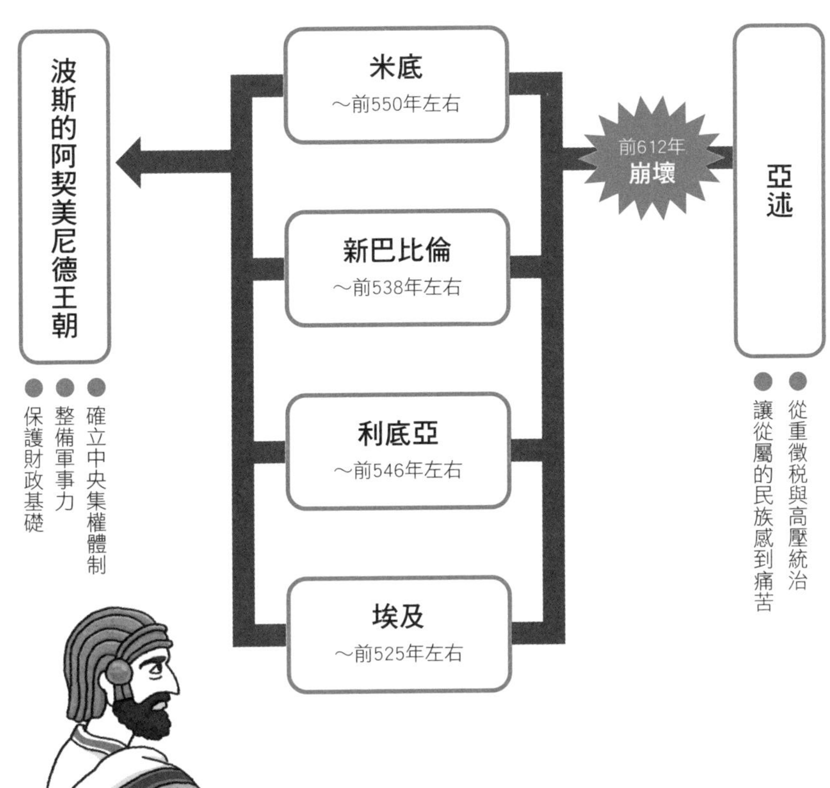

Column
瑣羅亞斯德教是 Made in Persia（波斯）

俗稱祆教的知名宗教——瑣羅亞斯德教（Zoroastrianism）是在西元前六世紀前半，以瑣羅亞斯德作為創始人於波斯地區誕生的。

以聖書《阿維斯陀》（亦稱波斯古經）作為基本教義，認為世界上的主神是由善（光明）之神阿胡拉．馬茲達（Ahura Mazda）與惡（黑暗）之神阿里曼（Ahriman）兩方相剋。為了主神而有守護聖火的儀式，所以也稱之為「拜火教」。

瑣羅亞斯德教在阿契美尼德王朝時期急速擴張，到後來波斯的薩珊王朝時被採用為國教。更傳播至印度與中國，以鳥葬的風俗習慣——「將死之穢物交付在沉默之塔」為人所知。

而這些正是從波斯所發祥的。

外野席 **受亞歷山大大帝讚譽的大流士一世** 建立波斯阿契美尼德王朝的大流士一世，其征服的區域自裏海開始直至印度河，成為史上最廣闊的領地。之後亞歷山大大帝消滅了這個國家，並建立起前所未有的龐大帝國。他在拜訪大流士一世的墳墓時深受感動，便命人將墓碑的碑文翻譯成希臘文。

18 新興的希臘擊敗專制的波斯帝國

聯合希臘城邦，從東方的專制帝國手中守護市民的自由與獨立。

邁錫尼文明崩壞之後的四個世紀以來，本已沒落的希臘，隨著在各地興起的城邦（Polis，都市國家）開始重振士氣。

城邦劃分成土壁包圍的市中心與農村部分，市中心有供奉寺廟的衛城以及政治會談與經濟交易的場地「阿哥拉」（廣場）。在這樣的城邦之中氣勢最為強盛的便是雅典。

另一方面，對統治了小亞細亞、愛琴海東岸的希臘人，並支配了愛奧尼亞殖民市與馬其頓等位於愛琴海北海岸一帶的**波斯阿契美尼德王朝來說，城邦不外乎就像是「獅子身上的蝨子」，雙方衝突是無可避免的。**

西元前五〇〇年，以小亞細亞的愛奧尼亞殖民市叛亂作為契機，波斯戰爭隨之展開。在大流士一世命令下出征的波斯艦隊，於西元前四九二年因航行時遭遇風暴而毀滅。第二次則是於西元前四九〇年，在希臘本土登陸後，於馬拉松（Marathon）的戰役中令人難以置信地吃了雅典軍隊的敗仗。

西元前四八〇年，次任國王薛西斯一世（Xerxes I）在第三次遠征中，與斯巴達軍隊對戰。雖然在溫泉關戰役中完勝，卻在與特米斯托克力（Themistocles）率領的雅典軍隊交手的薩拉米斯海戰中慘敗。隔年的普拉提亞戰役也輸掉了。

在藉著強大海軍勢力於波斯戰爭中取得勝利的雅典倡導下，希臘城邦為抵禦波斯入侵組成「提洛同盟」。這個同盟的結成，對其他城邦而言相當於承認雅典霸權的建立；另一方面，也刺激城邦間的分裂抗爭，讓對立越演越烈。

無關乎哪一方是正義或是邪惡，歷史的女神總是會對雅典的市民露出笑容。

希臘對上波斯　戰局的推演

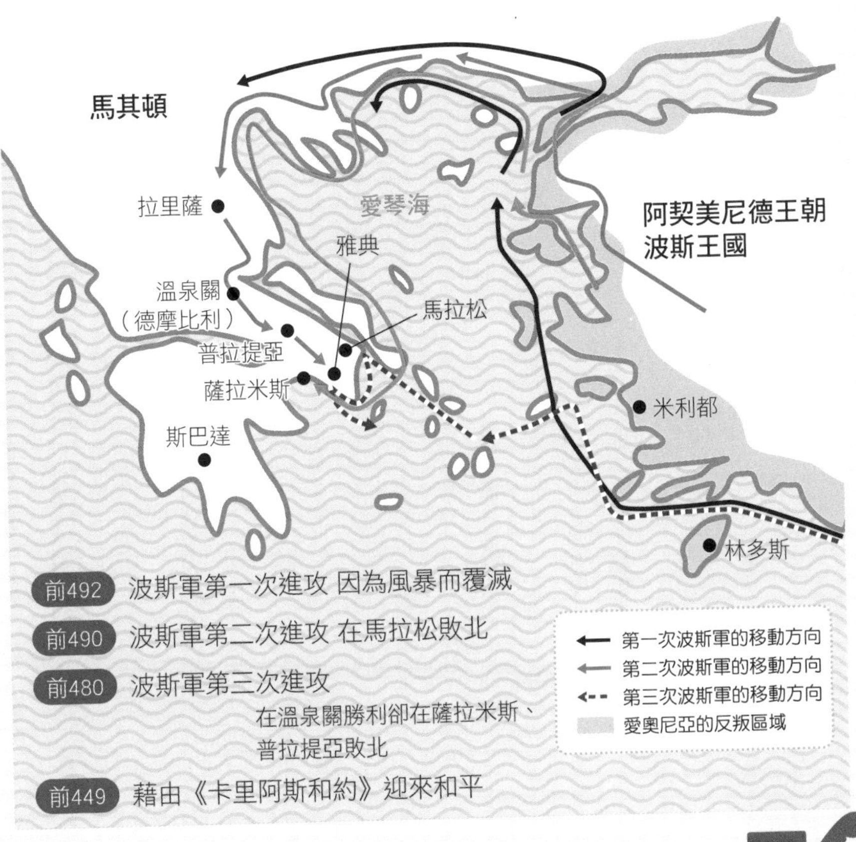

Column

提倡民主政治國家城邦的內與外

在新興國家城邦中，自王政、貴族政治轉換到成民主制度的過程裡，僭主政治反覆地出現。

僭主（亦稱暴君）雖然是不常聽到的詞彙，卻巧妙地融入平民的話語。抨擊貴族政治與王政，以專制的方式掌握城邦權力的實踐家。可能與被解讀為大眾迎合主義、暴民政治的現代民粹主義的實踐者相同也說不定。

導入「陶片放逐制」的目的就是為了防止這種暴君的出現，將想要流放的人物名稱寫在碎陶片上讓市民進行投票，然而卻不時有濫用於政治鬥爭的情況出現。

外野席　**希臘人也能參與的波斯帝國的包容力**　希臘人的都市國家雖多次與大流士一世率領波斯的阿契美尼德王朝發生戰爭，然而大流士一世的波斯帝國是相當有包容力的。其重要城邦錄用了很多的希臘人，幫助其廢止僭主政治、讓民主政治復活。也有很多希臘人感受到其氣度，轉而加入波斯方。

義大利半島上出現由平民主導的羅馬共和國

貴族與平民對立的同時，也共同抗外，平定周邊的都市國家。

西元前509年左右～
羅馬　羅馬共和國

西元前八世紀以前，義大利半島南部與希臘相似，南下的義大利各民族與原住民伊特拉斯坎人（Etruscan）共同建立了小型都市國家。台伯河（Tevere）河畔下流的羅馬也是其中之一。

羅馬在初期歷經了七位國王的統治，後半段的三位國王雖然是伊特拉斯坎人，**但最後一位國王卻於西元前五〇九年左右被流放，讓聚集了有力貴族的元老院握有實權，形成共和政體**。元老院很迅速地選出兩名以一年為任期的執政官（Consul），並賦予最高指揮權。

此後，**羅馬共和國在征服周邊都市國家達成擴張的同時，內部則出現以平民（Plebeians）為主擔任的輕、重裝步兵隊，為追求參政權與元老院貴族展開鬥爭**。由於在對外戰爭中屢戰屢勝，就連貴族們也無法否認其所累積下來的功績。

平民與貴族在許多領域上都是對立的，例如選出平民的護民官、設置平民會議（西元前五世紀）；制定不允許貴族獨斷專行的法章「十二銅表法」（西元前四五〇年）；兩位執政官中需有一位是從平民中任用的法律（西元前三六七年）；讓平民會議的決議不需經由元老院的批准即可成為國家法規（西元前二八七）等等。一步一步，穩健地朝著共和政體進化。

其他方面，在強化平民與貴族同盟之餘，同時也一邊驅逐原住民伊特拉斯坎人的勢力；終結從西元前四世紀以來，義大利半島中南部的原住民與薩莫奈人（Samnite）之間的戰爭，並征服南部最大的希臘人殖民市塔倫屯（Tarentum）。在**西元前二七〇年成功統一義大利亞半島全境**。

而這之後，羅馬共和國將目光放在地中海。將西西里（Sicilia）作為跳板，與對岸的霸權迦太基（Carthago）對決的日子即將到來。

到羅馬共和國的完成為止

~前8世紀
義大利半島南部義大利的各民族**南遷、定居。形成**小都市國家

前6世紀末
流放伊特拉斯坎人**的國王、建立**共和國

聚集有力貴族，確立元老院實權

多數平民以對外戰爭的功績，請求參政權

前5世紀初
設置守護平民利益的護民官

於此之後，設置了平民會議

前450年
制定十二銅表法

防止貴族壟斷立法權

前367年
制定李錫尼亞──塞克斯蒂亞法

每兩位執政官的其中之一必須是平民等一系列法律

前287年
制定霍滕西亞法

平民會議的立法權獨立

Column 義大利先住民──伊特拉斯坎人之謎

每當說到究竟是誰在羅馬建國的時候，原住民伊特拉斯坎人的存在總是會被排除在話題之外。

伊特拉斯坎人是定居在義大利半島中部的原住民，與移居過來的印度─歐洲系的義大利各民族有所不同，語言和民族的特徵也未知。

西元前八世紀時，他們在義大利擁有最強勢力、豐饒的財富與希臘風的文化。特別受到矚目的是，相信有來生的他們將大墓地（Necropolis，地底下的墓地）以華麗的壁畫、裝飾品與埋葬品等裝點布置。

接著，其建立地下帝國時所發展出的土木技術，也在之後傳承給了羅馬帝國。

外野席 **羅馬的原鄉──古羅馬廣場的大墓地**　位於羅馬中心的古羅馬廣場充斥著各國的觀光客，夏季之時灶神廟（Aedes Vestae）還會舉辦體驗古代羅馬歷史的「聲光表演」。之所以會如此，是因為這個遺跡是羅馬的第一任國王羅穆盧斯（Romulus）所建設的巴拉丁諾山居民的墓地、也是羅馬的發祥之地。

企圖將東西方融合，亞歷山大大帝的東征

拓展至印度西部築起廣闊的大帝國，開啟希臘化時代之門。

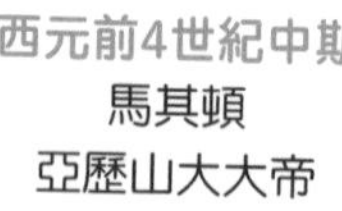

與城邦為主體的希臘有所不同，在西元前四世紀中期腓力二世的時代，王政下的馬其頓國力逐漸增強，並開始入侵希臘領土。

將因內鬥而日薄西山的城邦逐一擊破，最後在西元前三三八年，在喀羅尼亞戰役（Battle of Chaeronea）中擊敗雅典與底比斯聯軍，並反過來成立以馬其頓為盟主的科林斯（Corinth）同盟。然而在統治希臘、計畫遠征波斯之際，腓力二世就此亡故。

這時登場的正是亞歷山大大帝，正值弱冠之年的他繼承父親的遺志繼續遠征。**率領配有長槍、採密集隊形的重裝步兵與騎兵隊等強大的軍隊，在西元前三三〇年的高加米拉戰役（Battle of Gaugamela）與波斯軍隊進行激烈的纏鬥後，最終將波斯帝國滅亡。**

但是，亞歷山大大帝期望能更進一步東征至印度河，並策劃征服印度，然而計畫尚未成功，大帝就在歸鄉途中死於巴比倫。數度的遠征過於勞累，使身體不堪負荷，於是在偉業進行到一半之際不幸病倒。

雖不知亞歷山大大帝是否知道自己被希臘人視為異民族般，稱他為「野蠻人」（Barbaroi），但其自認是希臘人，並抱有獨特的文化觀，**讓廣泛交融了東西文化的希臘化文化得以順利傳播，這也正是其大帝稱呼的由來。**

以遠征地之一的埃及為首，在各地建設了二十多個亞歷山卓市（Alexandria），促使希臘人前往定居，有助於希臘化文化的普及，這是以身為希臘人的一員所推行的政策。即使在大帝過世後，他的理想也沒有逝去，自希臘到印度河的周圍都能看到其精神的延續。

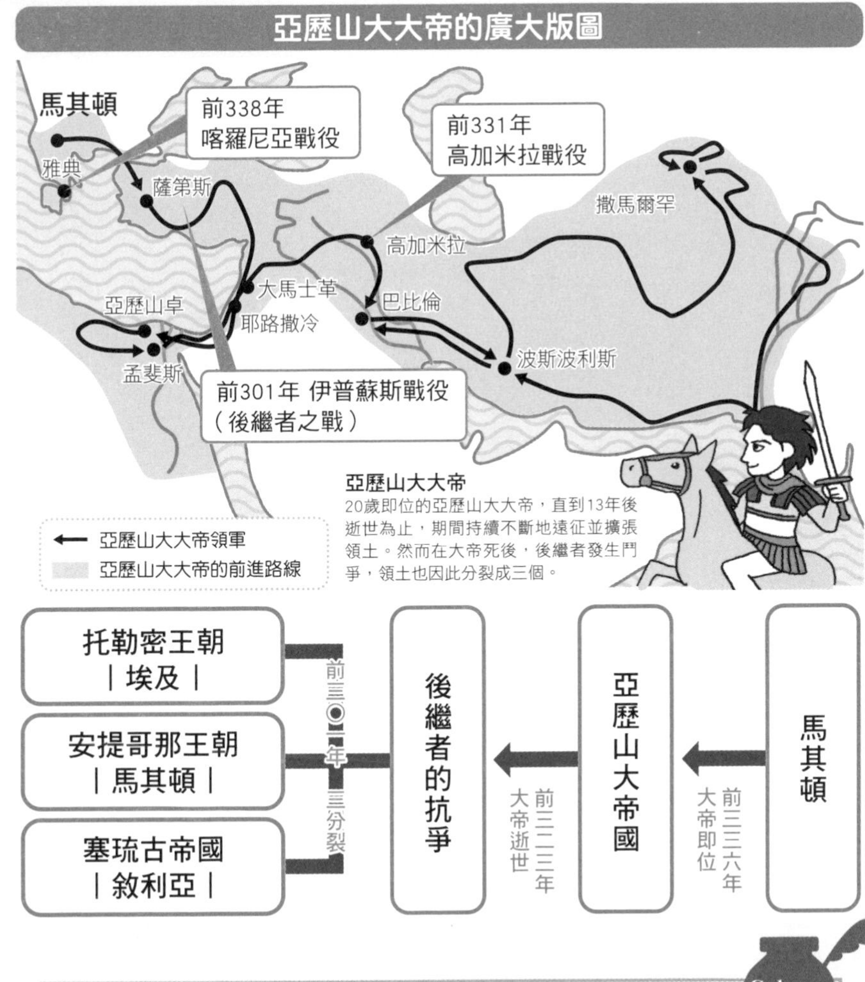

Column

拿破崙也尊敬的亞歷山大大帝

若以希臘語來看，亞歷山大大帝的名字雖然是Aléxandros，但在日本則是以英語的讀法Alexander來稱呼。

大帝的東征讓古代希臘與古代東方兩者的文化進行融合，對於產出名為「希臘化文化」的獨特風格有很大的功績。在東方，理所當然地也存有以希臘風格雕刻的佛像作品。

很多人是將大帝視為英雄般尊敬。例如，在歷史上同樣著名的迦太基的將軍漢尼拔（Hannibal Barca）、羅馬的終身獨裁官尤利烏斯（Gaius Iulius Caesar，凱撒）以及拿破崙等。在現代也有不少人的名字是以大帝之名來命名。

外野席 **具有歷史性的街道 —— 亞歷山卓市** 為僅次於開羅的埃及第二大都市，也是亞歷山大大帝在遠征途中，在各地冠上自己名字所建設的，帶有希臘風的第一座都市。同時融合了多種文化的要素，是個開放的大都會，也是具有歐美氛圍的國際觀光、商業都市。世界衛生組織的東地中海本部也設置於此。

春秋戰國中倖存，建設中國最初的統一國家

秦王「政」自稱始皇帝，為整頓中華帝國的先例。

西元前221年～
中國最初的統一國家「秦」

從春秋戰國時代脫穎而出，倖存下來的是秦國。西元前二二一年，秦滅了東周，建立中國史上第一個帝國。**秦王政自行稱作始皇帝，由此，可以說是確立了形成中國國家社會原型的根本**。

秦朝作為勝利者的**第一點理由是利用地利之便**。因為其位在黃河支流的渭水流域，是最西邊的邊境之地。雖然對遊牧民族來說相對困擾，卻能遠觀中原之地上各國間的戰爭，很少受到直接性的損害，接著再個別擊退主要敵人贏得勝利。

第二點是果斷執行國家的建設。不限身分、經歷，唯才是用。衛出身的商鞅以「變法」來執行內政改革也達到良好的成效。法治主義、統一度量衡、根據開墾給予農業獎勵、為了中央集權實施郡縣制度等等，透過這些來達到富國強兵的目的。

另外第三點是，丞相李斯重用追求**實行嚴謹法律秩序**的法家，以「焚書坑儒」壓制了儒家的反彈。其他像是施行統一文字與貨幣、車軸軸距等等，為了防止北方遊牧民族的進攻，更是修建土壘並使之相互連結，打造「萬里長城」（現存的長城是明代時的產物）。

如此打造出「中華帝國」起點的秦帝國，卻也因過度嚴苛的高壓統治而使人民心生不滿。在秦始皇死後，以農民的反抗成為突破口，在各地陸續發生了叛亂，最後在楚國項羽與漢代劉邦崛起之際，**西元前二〇六年秦國滅亡，而這僅只是在建國後十五年所發生的事**。

從嚴峻的春秋戰國時代奮鬥到最後，戰勝並脫穎而出、存活下來的秦帝國，滅亡時間實在過早，先驅者的角色也在此畫上句點。

始皇帝的建國

統一度量衡、貨幣、車同軌	都市間的交易變得容易，促使商業發展。
郡縣制度擴大至全境	強化中央集權體制。
焚書、坑儒	抑制儒家的反彈，以法律來維持秩序。
整備官僚制度	不問身分、經歷，錄用人才作為官吏，處理國政。
解除民間武裝	防止內亂，守護天下安定與太平。
修建土壘	嚴防外敵的入侵，維持和平。

Column 透過法律進行支配，始皇帝的「取天下的七大項目」

秦之所以能建立中國最早的帝國，是因為遵照法律來執行政事，沒有依照王的意志恣意妄為。這裡列舉主要的七個項目：

一、什伍連坐法將五戶成一伍，十戶成一什所編制的鄰里制度，告發內部罪狀之人則會給予獎賞。

二、制定分異法，若不分家的話，稅金會變成兩倍。

三、軍公爵制度的訂定，拿下敵方首級能得爵位升級等等。

四、若無軍功，即使擁有宗室關係也會不留情面地除籍。

五、禁止私下鬥爭。

六、獎勵產業，繳納較多稅的人能免除擔任夫役。

七、二十爵的制度。階級的訂定。

外野席 **始皇帝的使者——徐福到了日本？** 自戰國時代勝出，秦始皇成功統一中國全境。權力落入手中的始皇帝為了想要得到「長生不老的靈藥」，編制大船隊並以徐福作為隊長。85艘大船上有少男少女500人，還加載了30年分的糧食物資。目的地為何呢？不知道為什麼在日本各地流傳了「徐福傳說」。

漢王劉邦到武帝所連結漢帝國的世界性發展

從初代中華帝國秦王朝所習得的，漢王劉邦的慰勞、統治方針。

西元前202年～
中國　漢王朝

西元前二〇九年，正值農民士兵的陳勝、吳廣之亂，雖然趁勢建立起名為「張楚」的國家，最後因為內部崩毀，轉而演變為由農民出身的劉邦與出身楚地名門的項羽兩方爭戰的局面。

另一方面，秦帝國的宮廷也陷入內部紛擾，秦皇二世慘遭殺害，自行降格的秦皇三世在舊帝都咸陽臣服於氣勢高昂的劉邦。**這使得成為漢王的劉邦與項羽形成對等的局面，並在之後的「垓下之戰」擊敗項羽。劉邦在西元前二〇二年建立漢王朝，登上初代皇帝之位。**

劉邦擔心長期戰亂後的筋疲力竭，採取暫時的休養策略。兵士們論功行賞，願卸甲歸田者，則減輕其田租。對百姓也設立二十等爵制，以分封爵位安撫民心，並透過爵位來編制單一國家的秩序。

另外也從郡縣制的失敗中學習，給予功臣、親族封地並任命其為諸侯；採用封建制度的同時，也將原先施行郡縣制的直轄統治區改以郡國制治理。因地制宜的彈性發想不僅讓內政安定，也以農業為首而使生產力與稅收大增，強化帝國的基礎。

秦帝國之後承接中國王朝的**漢帝國，在西曆元年的前後，各占約兩百年的時間，儘管分成前漢與後漢，也是在橫渡了四百年的時間內持續統治著中國的中華之地。**這應該就是對於初代王朝秦帝國有所評斷，從其失敗中學習的劉邦（高祖）在各式各樣的背景下，所進行的統治方針。

第三代的漢文帝也大幅減少、緩和秦朝的嚴刑峻法，還減輕了人頭稅與夫役，而接下來的漢景帝也比照文帝施行政策，廣獲世間讚賞，而將之併稱為「文景之治」。

漢與秦的地方行政架構

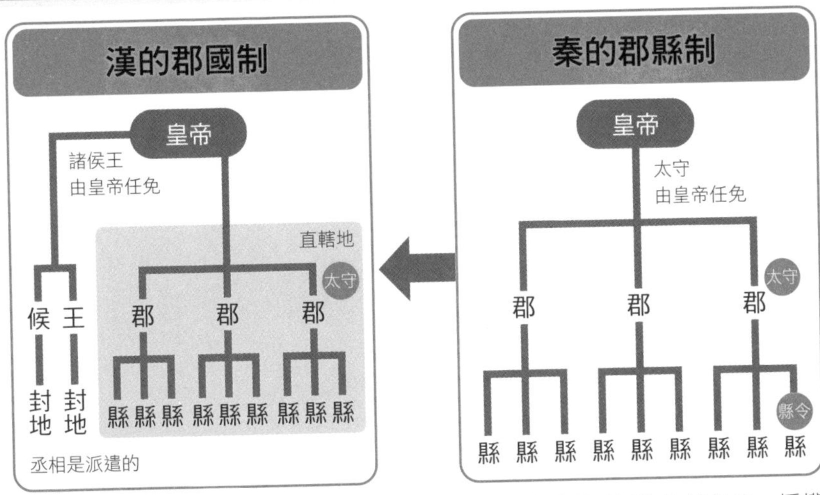

劉邦在直轄地施行郡縣制的同時，在封地則任命親族或是功臣作為諸侯王，授權其自治施政。

劉邦

始皇帝

Column 豪華絢爛的墳墓。比丈夫之墓更加豪華的婦人之墓？

漢王朝的創始者、也是初代皇帝的劉邦，雖然將建立功績的親族或是功臣任命為諸侯（王），但其究竟有多少人呢？若看到在一九七一年湖南地區的長沙市近郊發現的「馬王堆遺跡」便能知曉。

在西元前二世紀前半的大臣一家之墓，有一千一百餘個豪華陪葬品，與使用絲織品包裹的夫人遺體以生前的姿態被埋葬。有趣的是，比起較早亡故丈夫的墓，夫人之墓占地更大且更氣派。

若直接聯想成女尊男卑的話有點太快了！這是因為比起丈夫逝世的時候，又累積了更多的財富、更加華貴的緣故。

外野席 **正史中的正史 — 司馬遷的《史記》** 了解中國歷史所不能欠缺的正是「正史」。統整歷代王朝的大業，是在前一個王朝覆滅之後，由次一王朝仕官的人們所論著，而司馬遷的《史記》是在漢代編纂，全書約130篇。因為是將王朝開建以來的歷史毫不諱言地逐一編寫而成，因而廣為流傳。

傑出的諸多小國相繼朝貢中國

通達東漢光武帝的北九州「漢委奴國王」。

57年
日本
北九州的小國聯合體

江戶時期的天明四年（西元一七八四年），在九州博多的志賀島發現了刻有「漢委奴國王」的金印，說明是給予「從屬於漢（後漢）之倭的奴國」金印。

然而，在中國歷代王朝的皇帝賜予冊封國國王的金印中，也沒有發現印有「漢的○的○的國王」例子。也就是說，賜予陪臣金印的情況未曾有過，也應該不會授與博多灣周邊的小國。

《後漢書》〈東夷傳〉中記載「建武中元二年，倭奴國奉貢朝賀，使人自稱大夫，倭國之極南界也，光武賜以印綬。」，**可以理解成被稱為「大夫」的朝賀使者保管了賜給「倭奴國王」的金印。**

奴國究竟位於何處、有多大的規模？至今仍是未解之謎。目前假想其是在形成國家的途中產生的某個部落群體。根據後世的《魏志》〈倭人傳〉所記載，相傳卑彌呼的邪馬台國也是由複數的小國作為聯合體所聚集而成的原始國家。

正因為是這種不穩定、還在成形途中的原始國家，**為了監視這些形成聯合體的諸多小國，時值彌生時代晚期的「伊都國」被魏國設置了派遣的官吏「一大率」**。而這個伊都國處於剛誕生的發展階段，會不會正是這個金印記載的「委奴國」呢？

然而與神武天皇的即位元年相同，缺乏具體的確切情報。北九州各地出土的銅鏡、其他青銅器、甕棺、箱式石棺、石棚墓的解析也還沒結束，答案目前尚未出現。

後漢與羅馬帝國以及倭國等國家

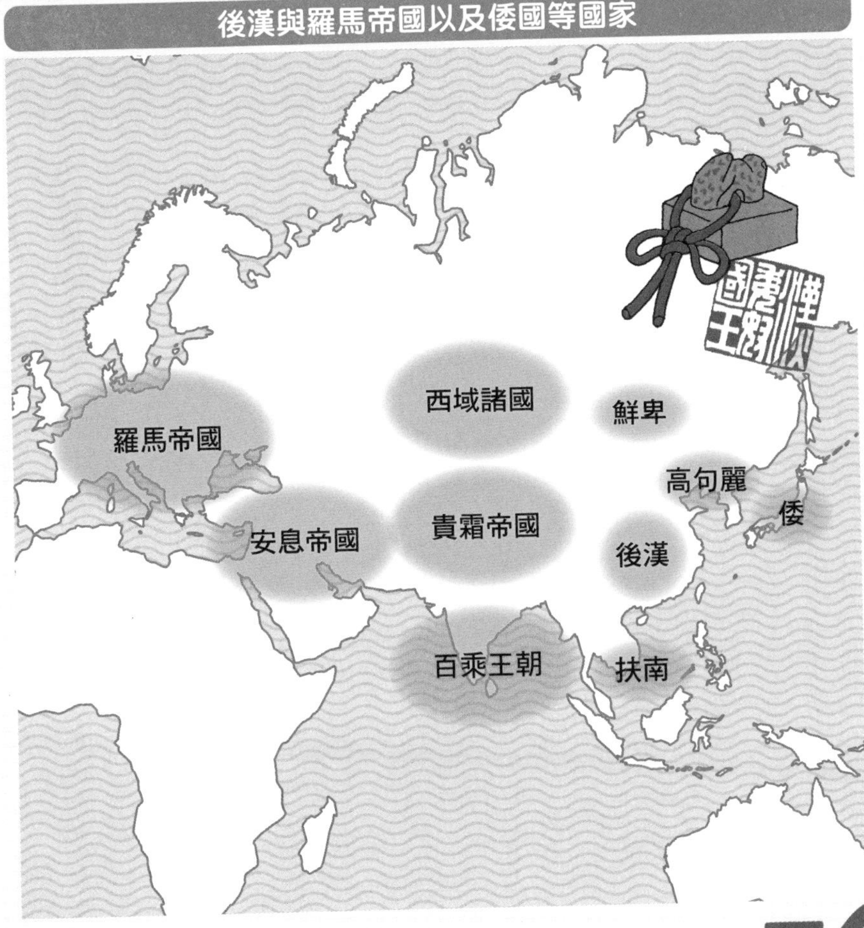

Column

《前漢書》所記載的「倭人」之國

閱讀古代中國官選的史書《前漢書》時，能看到其以少量的字數，簡潔地摘要了彌生中期日本列島的樣貌。

「樂浪海中有倭人，分為百餘國，以歲時來獻見云」

「樂浪」是漢武帝在西元前一〇八年，以朝鮮半島作為領土之際，分成四個郡來統治所設置的郡役所。在現今的平壤一帶，日本人的祖先曾定期到訪致意。

那個時候的日本列島大約分成一百餘國。緊接著，從那之後的二百年出現了「漢倭奴國王」。

外野席 **時值漢代，分成百餘國的日本** 到了後漢時代，與日本相關的記述第一次在中國史料中登場了，記載於《後漢書》（地理志）（參照上述「Column」）。依照記述，倭人的國度分成百餘個，會定期帶著貢品到前漢王朝所設置的朝鮮樂浪郡役所朝貢致意。

羅馬軍隊征服埃及豔后統治的埃及

沉迷於絕世美女、背叛祖國的安東尼受到屋大維討伐。

西元前43～前27年
羅馬帝國

為羅馬共和國畫上休止符，促成羅馬帝國成立契機的正是羅馬軍隊兩次的埃及遠征。據說最早於西元前四十四年，**凱撒（Caesar）就曾以「終身獨裁官」的身分進行埃及遠征。**但事實上他是以元首之姿率領羅馬軍隊遠征。

然而回國之後，凱撒不幸遭到暗殺，雖然後來由凱撒的養子屋大維（Gaius Octavius Thurinus）、其心腹安東尼（Marcus Antonius）與雷比達（Marcus Aemilius Lepidus）組成新的「國家再建三人委員會」，卻互相爭奪著各自統治從屬地的財富與軍團。

一向勇猛的武將安東尼，被埃及的財富與埃及豔后克麗奧佩脫拉七世（Cleopatra VII）的魅力所俘虜，讓他為此喪命。羅馬元老院對埃及的動向抱持著不信任感，故一致擁護屋大維，而受到支持的屋大維則順勢對克麗奧佩脫拉宣戰。

在西元前三十一年，屋大維在亞克興戰役（Battle of Actium）中攻破安東尼的聯合艦隊，但是並沒有趁勝追擊，而是暫且先退回羅馬踩穩陣腳，以攻下埃及為目標前進。之後，安東尼與克麗奧佩脫拉接連自殺身亡，**名震一時的埃及托勒密王朝就此滅亡，成為羅馬的屬地。**

西元前二十七年，**羅馬元老院對凱旋而歸的屋大維致上最高的敬意，授與頭銜「奧古斯都」（尊敬之人）。**換句話說，屋大維即是國家的「第一公民」（Princeps），進而成為元首將羅馬導向帝國政局。

自此開啟了羅馬帝國的悠長歷史，同時也書寫著歐洲的歷史。

三頭政治登場人物的相互關係

第二次三頭政治　（獨裁政制）　第一次三頭政治

前63年～14年
屋大維
- 凱撒的養子
- 亞克興戰役中攻破安東尼，平定地中海
- 初代羅馬皇帝

前100年～前44年
凱撒
- 平民派政治家
- 與元老院聯手打敗格奈烏斯・龐貝，後來成為終身獨裁官
- 被布魯圖斯暗殺

前69年～前30年
克麗奧佩脫拉
- 托勒密王朝埃及最後的女王
- 魅惑凱撒、安東尼

前82年～前30年
安東尼
- 原為凱撒的部下
- 與埃及豔后聯手，卻被擊敗

前106年左右～前48年
格奈烏斯・龐貝
- 開放派的政治家、軍人
- 最初與元老院相對立，後來則結為同盟

？～前13年左右
雷比達
- 羅馬的武將
- 西元前36年下台

前114年左右～前53年
克拉蘇
- 羅馬的大富豪
- 戰死於安息帝國

Column

埃及豔后的祕密——研究能輕鬆死亡的方法

埃及豔后為了關鍵時刻準備蛇毒，並為實驗其效力而做了研究的事蹟，被希臘作家普魯塔克（Plutarchus）記載於《希臘羅馬英豪列傳》的〈安東尼傳〉中。

埃及豔后搜集了有致命效果的毒藥，一個個地讓死刑犯服用。能夠立刻死亡的毒藥往往伴隨強烈痛苦，而較安定的毒藥則大多需要長時間的等待。為此也進行了讓有毒動物互咬的實驗。

而結果發現，在被一種稱為埃及眼鏡蛇咬傷的情況下，並不會有痙攣與痛苦，只會產生昏昏欲睡及輕微發汗的副作用後逐漸睡去。

雖然也有說法表示此處的埃及眼鏡蛇是蝮蛇或是眼鏡王蛇，但其真偽目前並沒有辦法下定論。

外野席　**刮鬍的習慣是從古代羅馬開始的**　古代羅馬時代，為了區別出獲得自由市民地位的市民與奴隸，於是開始有了刮鬍的風氣。另外在近身戰鬥中若是鬍鬚被捆住會形成不利的局面，將士們便以浮岩夾著鬍鬚來回摩擦除毛。當時的哲學家塞內卡表示，若公眾浴場有人正在刮鬍的話，其所發出的哀號聲是相當吵雜的。

25 羅馬帝國的轉捩點，正式承認基督教

「上帝之前人人平等」對多民族國家的羅馬來說，是再適合不過的宗教。

羅馬帝國是以供奉神話的神祇作為國家的宗教，原本對不同宗教皆十分包容，也曾經流行過密特拉教（Mithraism）等東方神祕宗教。

然而，因為基督教為一神教信仰，是拒絕崇拜偶像或是崇拜皇帝的宗教，**自從皇帝尼祿開始，數度遭受迫害**。特別是開始施行將皇帝視為神的君主專制制度的戴克里先皇帝（Diocletian），其迫害基督教的力度更加劇烈，但也成為最後一位打壓基督教的皇帝。

西元三一三年，君士坦丁大帝（Constantinus）頒發承認所有宗教信仰的「寬容宗教敕令」（米蘭敕令，Edict of Milan），而基督教也名列其中。被迫害的時代結束後，教會始能公開進行活動。

然而在耶穌被處以死刑之後，已歷經了三百年的時間，對於教義的理解或是儀式確切步驟的解釋上有所分歧，即便是信徒內部也產生了對立的情況。因此便由君士坦丁大帝親自召開「尼西亞公會議」，試圖統一教義。

依據其會議的結果，耶穌基督被視為上帝之子且具有神性的說法也被視為正統，若出現將其視為凡人之子的想法則會被斷定為異端。而那之後對於教義的爭議雖仍處於無限迴圈，儘管如此，**基督教仍被視為羅馬帝國的國教，變成國家統一信奉的宗教**。

除了宗教問題，要如何使國家領土擴大，讓更多民族投入其懷抱，進而達到整體統治的安定，才是羅馬帝國經營上的根本問題。並不是只有拉丁民族的羅馬人而已，而是由希臘人、希伯來人等等多個民族所形成的集合體。

因此，「在上帝面前任何人都是平等的」信仰便成為了最合適的思想。

五賢帝時代的最大版圖與東西分裂

馬可・奧理略・安敦寧皇帝

- 五賢帝時代的尾聲（西元161～180年在位）
- 政治開始動亂
- 日耳曼人入侵
- 薩珊王朝（波斯）的勢力興起

圖拉真皇帝

- 五賢帝時代的第二人（西元98～117年在位）
- 是羅馬領土最廣闊的時期
- 與印度等地的貿易繁盛
- 建設很多羅馬風格的都市

Column

羅馬帝國的全盛期「羅馬和平」

凱撒是象徵著羅馬共和國時期的英雄，接續的帝國時期，領土擴張至最大版圖，象徵迎來羅馬帝國全盛期的就是「五賢帝時代」（西元九十六～一八〇年）。

雖然是由涅爾瓦（Nerva）、圖拉真（Trajan）、哈德良（Hadrian）、安敦寧・畢尤（Antoninus Pius）、馬可・奧理略・安敦寧（Marcus Aurelius Antoninus）五人所統治的時代，卻也不是帝國史上的最佳五人。只是相較之下，政治始終穩健，是「羅馬和平」時代的象徵。

之後便是羅馬帝國從擴大發展到維持現狀、縮小、分裂的時代。其原因是日耳曼各部落民族的大遷徙，並入侵羅馬帝國所導致。

外野席 **暴君尼祿對基督教的迫害**　羅馬帝國的皇帝尼祿（1世紀中期）。最初是在其導師塞內卡的輔佐下施以善政，卻在日漸顯著的暴行下逐漸顛狂。後來由於一場大火，尼祿在構思新都市計畫的同時，放出有人縱火的謠言，將基督教教徒視為縱火犯隨機逮捕，並處以極刑來施行迫害。最後走上自我了結的末路。

入侵西歐的日耳曼各部族之動向

日耳曼人於羅馬帝國定居，改信奉基督教。

4世紀～
日耳曼民族的大遷徙

日耳曼民族的大遷徙，一般認為是以定居在亞洲中部的騎馬民族匈人（Huns）向西方移動作為開端，東、西歌德人因受到壓迫而遷徙，導致各式各樣的部落群體像連鎖作用般被迫移動，然而事實真相尚未明確。

原先的日耳曼人在農耕時是不使用肥料的，也因為不知道有「三圃制」這種能一邊栽種、一邊休養農地的耕種法，不得不每年變換農耕地，與游牧民族為了尋求牧草地而移動相似。為了扶養逐漸增長的人口，開拓與補充新的農耕地成了絕對必要的條件。

這使得西歌德人往伊比利亞半島、東歌德人往義大利、勃艮第人往法國南西部、法蘭克人往法國北西部、盎格魯—撒克遜人往不列顛島，諸民族如上所述各自遷徙建國。移動距離最長、耗時最久的汪達爾人，則是從伊比利半島橫渡到非洲北邊，抵達過去迦太基的所在地，朝獨自建國的目標邁進。

這些日耳曼國家的興起使西羅馬帝國滅亡。可預期法蘭克王國將在之後的歐洲世界登場，然而不可思議的是，就連東亞世界也有被稱作「五胡」的畜牧民族興起，並往中國內部入侵，演變成「五胡十六國」的亂世時代。希望各位能關注到在東西方曾有類似的動向並相互呼應著。

結果，**日耳曼各民族入侵並定居於羅馬帝國內部，改信奉基督教並開始打造新的國家與社會結構**。所以日耳曼各族的大移動，對歐洲的歷史來說是從古代切換到中世紀，劃時代般的大事件。

匈人與歌德人

匈人的西進與日耳曼民族的西歌德人的南下，再加上其他日耳曼各族也開始移動，形成大規模的日耳曼民族大遷徙。

Column 《日耳曼尼亞志》描繪出日耳曼民族的風俗習慣

關於日耳曼民族的風俗習慣與社會結構，羅馬人早已有所了解。像是凱撒記錄自己所見所聞留下的《高盧戰記》與一世紀前後塔西佗（Tacitus）所著的《日耳曼尼亞志》等皆曾提及。

日耳曼民族有著天藍色的眼睛、金髮與寬大且強壯的身體，國王與祭司是從部落中選出，女性地位崇高，重要的議題會以首長為中心的民會進行決議等等。

靠著狩獵、畜牧與農耕維生的他們，在邊境的屬地僱用個體農民與傭兵是很常見的，也因為後來出現了篡奪軍司令官與皇位之徒，而在熟悉羅馬文化中逐漸做出改變。

日耳曼民族在中世紀成為肩負重任的角色。

外野席 **騎馬民族 — 游牧民的能量根源①** 有著優秀騎馬技術的及游牧民，特別是在歐亞大陸內部活躍的他們，不只是與農民進行交易，也不時進行襲擊。建造匈奴、突厥、蒙古等等的大帝國，在世界史上的變革時期扮演重要角色。

替唐朝打造成為國際文化國家基礎的隋朝

短命而終的隋朝建立出唐朝長期政權的基礎。

589～618年
隋的建國

北周王朝的大將軍楊堅，終止了中國自黃巾之亂後持續四百多年的內部分裂與混亂，成為隋王。西元五八九年，從北周年幼的靜帝手中禪讓過來的隋朝政權就此開始。隋朝迅速地壓制了北方的突厥，並將南方的後梁吞併，之後又擊敗陳朝達成中國統一。楊堅在逝世後追諡為文帝。

除了對外征討，內政方面也朝著改革的方向前進。首先制定的便是開皇律，廢止嚴酷的刑罰、讓律法變得容易理解；後來的唐朝亦承襲開皇律，訂定律令制度。官制則設有尚書、門下、內史各省，尚書省設置有人事的吏部、財政的度支部、禮儀的禮部、軍政的兵部、法務的都官部和土木的工部。其他亦設有九寺與御史臺等機關。

再來就是**科舉制度**的施行。官吏的任用權長久以來都是由貴族勢力、地方豪族世襲壟斷，改為由測驗結果的實力來決定，不僅因制度開明而獲得好評，也讓皇帝將任免權輕鬆地取回手中。

如此看來，可以發現隋文帝在短時間內所設立的各項制度，被之後的唐朝繼承沿用，形成長達二百七十四年的長期政權。這也是為什麼，後人會給予隋文帝「開皇之治」的評價。

撇除前面所述，使隋朝評價低落的是在初代文帝駕崩之後，二代皇帝隋煬帝未能理解建設到一半的王朝本體為何。建造大規模的首都與宮殿，為了河北到江南的運河工程，徵召了百萬多位的男女等。其他過分無理的暴行還包括徵求一百一十三萬餘人的軍隊兵力，反覆三次遠征高句麗。

如此暴行的結果招致隋朝自行滅亡，而撿起其栽種果實的正是唐朝。

隋朝到唐朝①

Column 招致煬帝的怒火——聖德太子的信

西元六〇四年，日本聖德太子對即位的隋煬帝，以國書方式送達了祝賀信。

「日出處天子致書日沒處天子，無恙。」

隋煬帝一讀之下立刻震怒。

「蠻夷書有無禮者，勿復以聞。」

看到日昇國天子送予日沒國天子這樣的言詞，自尊心會受創也是理所當然的。然而，隋煬帝展現了大人物的氣度，在隔年派遣回禮的使者前往日本。

或許是正值隋煬帝忙著準備高句麗遠征，還不是向日本發難的時候。即便如此，聖德太子能以不卑不亢的平等態度寄送國書，真是位剛強堅毅的傑出君王！

外野席 **騎馬民族 — 游牧民的能量根源②** 他們活動於歐亞大陸的東西邊交接處的草原之道（草原絲綢之路），偶爾也會進攻侵略絲路，統治從事農業與商業的民族，形成國家。包括匈奴、五胡、伊朗、突厥、蒙古族等等。然而，到了近代後就急速地被拋在後頭了。

空前的世界帝國，君臨天下的大唐王朝出現了

唐太宗李世民，身為中國皇帝的同時也成為北方民族的天可汗。

618年～
大唐國

李世民（唐太宗）在隋朝末年的混亂期，與父親李淵（唐高祖）共同於太原起兵，將首都定在長安並創建唐朝。平定轉戰各地割據的群雄之後，於西元六二六年打敗最後的對手——其兄長李建成，以唐朝第二代皇帝的身分即位。

值得關注的是，他當時錄用了兄長李建成手下的幕僚，令其在眾目睽睽下提出諫言，並經常著重於律己的觀點。接著將賦役、刑罰減輕，嚴格實施三省六部制。軍事方面也常視察士兵的訓練、施行表彰制度，使唐朝的國勢急速高漲。

西元六二九年對突厥進行了策畫已久的討伐。擒獲了突厥的首長頡利可汗，在即將治理突厥之際，各族族長們集結於長安，將比北方民族的首長「可汗」地位更崇高、象徵君王的尊號「天可汗」上奏于太宗。於是，唐太宗在身為中國皇帝的同時，也身兼了北方民族首長的地位。

之後更是攻占了西域交易的要地高昌國，將其作為直轄國以開通國際交通的路線。其他像是在西元六四五年，禮遇從印度帶回大量佛書經典的玄奘法師，並將其翻譯成漢語等，傾全力灌注在國家的文化交流與經濟活動。

這些成果被稱作「貞觀之治」，在後世以「施行理想政治的時代」而流傳下來。**在將隋末唐初混亂、荒廢的國土恢復之際，建立唐朝後續發展的基礎；同時還消除了北方異民族的威脅，長時間保持友好關係等。在中國歷史上也屬為數不多能被讚譽的明君。**

唐朝的皇帝作為各國、各民族間的領袖，以空前絕後的規模成為世界帝國，大唐帝國也就此誕生。

隋朝到唐朝②

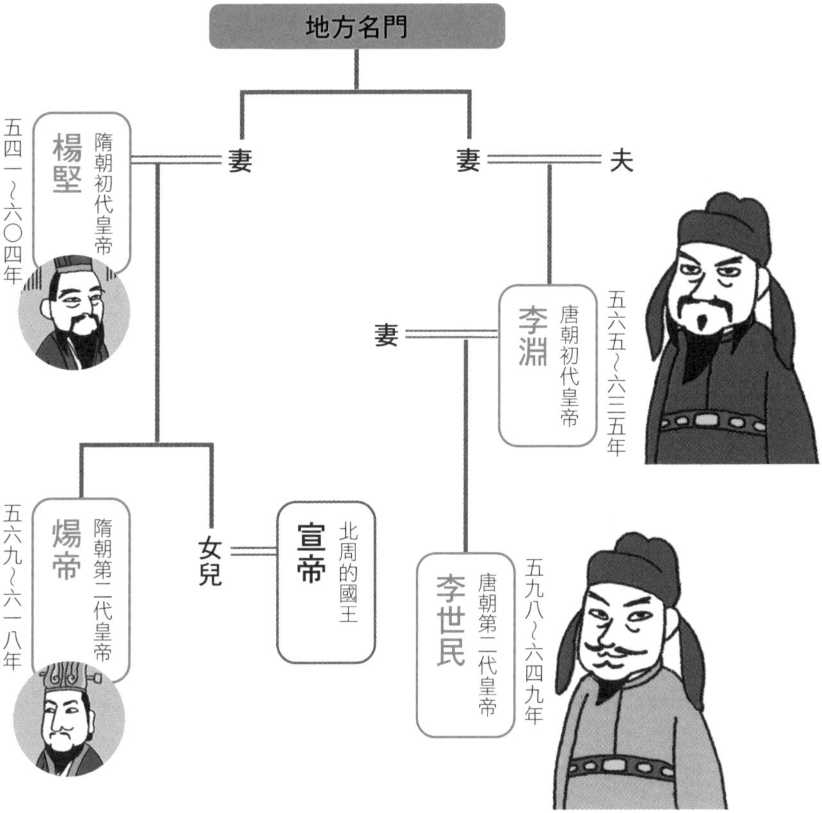

地方名門

- 妻 ＝ 楊堅（隋朝初代皇帝，五四一～六〇四年）
  - 煬帝（隋朝第二代皇帝，五六九～六一八年）
  - 女兒 ＝ 宣帝（北周的國王）
- 妻 ＝ 夫
  - 李淵（唐朝初代皇帝，五六五～六三五年）＝ 妻
    - 李世民（唐朝第二代皇帝，五九八～六四九年）

Column 勝寶年間的遣唐副使，大伴古麻呂的努力！

勝寶年間的遣唐使者在年末前抵達了長安，從元旦的朝賀開始，參與了七日的各藩朝賀。第九代皇帝唐玄宗也親自出席，百官群臣坐成一排，所有與唐朝有來往的國家來使都列席參加。

據說那個時候，副使大伴古麻呂以猛烈的氣勢對會場人員提出抗議。

「新羅自古以來皆是向日本朝貢的國家，然而座次的安排卻在日本之上，這樣有違禮節吧？」

會場人員貌似與新羅的使者說明了原委，並為其替換了座位。也不僅是古麻呂，自己國家將職責交付己身之時，是絕對不能輕忽的。

旗鼓相當的唐朝詩人，李白與杜甫 從六朝時代開始興盛的漢詩到了唐朝演化成「七言律詩」的固定格式。而編制出這個代表性風格的則是並稱「李杜」的李白與杜甫，以及「白樂天」白居易。李白對於老莊思想有所共鳴，喜歡過著自由奔放與酒相伴的隱居生活。杜甫則是以「國破山河在」一句，吟詠在安史之亂中陷落的長安而聞名。

面對大唐改自稱日本國，為與天子相抗衡則自稱天皇

因為白村江之戰敗給唐朝，於是打造日本流的律令國家。

673年～
天武天皇的世紀

天武天皇為了能明確展現出與大唐國對決的態勢，將國名從「倭國」、「邪馬台國」變更為「日本國」，並針對中國皇帝的稱謂自稱其為天皇，也是最早使用天皇名號的君王。

一般人所熟悉的天武天皇功績應該如同下面所敘述的吧？

當時天武天皇的朝廷，別說是太政大臣，甚至連左右大臣都沒有，為了**強化對土地與農民的直接支配**，由皇后與皇子們構成最高決議部會。一方面**將伊勢神宮作為東國經營的據點**，另一方面則是作為祭祀天皇家祖先神祈的神社。對伊勢神宮的特別待遇，從那個時候就開始了。

天武天皇也啟動進行作為國家行政根本的**國史編纂事業**，高漲的國家意識被發揚並貫注於《古事記》、《日本書紀》的編撰事業中。**緊接著制定了《飛鳥淨御原令》，律令國家的精髓終於登場。**

過去天武天皇論中僅記敘了上述這些內容而已。然而為什麼做了這些事情？最關鍵的部分並沒有被提及。

根據中國的史書《舊唐書》及《新唐書》中所記載，咸亨元年－天智九年（六七〇年），日本的遣唐使在到訪唐朝之際，對於被冠以「倭國」或「邪馬台國」等稱號感到嫌惡，因此對唐朝公開聲明變更國名為「日本」。

加之於天智二年（六六三年）的白村江之戰中，被大唐、新羅聯合軍團擊敗，為了鞏固在九州的水城與大野城等的防禦，於天智六年（六六七年）遷都到近江。後來繼承的天武天皇，當然也是維持一貫的基本路線。在劍拔弩張的緊張關係中持續抗衡著大唐。

其認真而仔細重整的心態值得讚賞。

天武天皇的建國方針

於壬申之亂獲勝

作為第40代天皇即位

天武天皇

1 對於土地、農民支配的強化

廢止豪族的私有民、訂定八色姓，編成身分階級秩序。

2 在伊勢神宮祭祀天皇家的祖先神

將伊勢神宮作為東國經營的據點，並將其定為祭祀天皇家祖先神的宮社。

天皇獨裁的律令國家

3 國史的編纂

整理《帝紀》、《舊辭》等等的古老資料，著手編《古事記》、《日本書記》。

4 《飛鳥淨御原令》的制定

全面宣告律令國家的思想。在持統天皇的年代實施（689年）。

Column 祈禱文之詞 大倭日高見國

要解開日本國原點的關鍵意外地近在身邊。也就是作為祈禱文的「大祓詞」：

「如此這般，作為四方國土的中心，決定將國家首都安定於大倭日高見之國」其中有著這麼一段章節。

在「遷却崇神詞」中也有一節類似的詞句：

「天降託付於四方國土的中心，決定將國家首都安定於大倭日高見之國」

兩者的說法幾乎是相同的意思，也可以說是以相同的文型所寫下。由此可見，大倭與日高見國原是兩個不同的國家，而這兩個不同國家合併成為一個，創造出和平且豐饒之國。

外野席 **伊勢神宮的歷史是從天武天皇開始的** 祭祀天照大御神的伊勢神宮是從什麼時候成為天皇家的根源呢？在天武天皇還是大海人皇子的時代，伊勢神宮在壬申之亂中作為部隊的集合基地，可以說是因為獲勝的事蹟使其地位鞏固。自推古天皇以來，開始任命目前已中斷的齋王之後，更加確立其作為天皇家氏神宮社的地位。

30 在阿拉伯人之外，一口氣擴散的伊斯蘭教

東邊與唐接觸，西與東羅馬帝國接壤，成為展開雙翼的大帝國。

661～750 年
倭瑪亞王朝

倭瑪亞王朝的原點，可以追溯至受唯一真神阿拉的啟示，開創伊斯蘭教的預言家穆罕默德（Muhammad）。

然而，因為穆罕默德在尚未指定繼承人之前就已離世，使穆斯林（伊斯蘭教信徒）產生動搖，進而將穆罕默德的友人兼岳父——阿布．巴克爾（Abu Bakr）選為初代哈里發（神之使者的代理人），也是實際上伊斯蘭共同體的領導者。

伊斯蘭共同體在哈里發制度下延續了四代。於此期間吉哈德（Jihad，神聖戰爭）連續不斷，雖然努力宣揚著伊斯蘭教義，但第四代哈里發的阿里（Ali）被其宿敵敘利亞總督穆阿維亞（Muawiyah bin Abi-Sufyan）所暗殺，並由其開創了倭瑪亞王朝（Umayyad）。

到了倭瑪亞王朝的時代，於七世紀後半開始往東西兩方進擊，使伊斯蘭世界一口氣擴大。

往東征服到與大唐接壤的粟特人（Sogd）領地與費爾干納（Fergana）地區，開啟中亞往伊斯蘭化前進的道路。往西則是壓制北非，從直布羅陀海峽往伊比利亞半島進發。七一一年，西哥德王國滅亡。

接下來更進一步翻越庇里牛斯山入侵法國，卻被法蘭克王國軍擊退。由此開始，庇里牛斯山邊境以南的伊比利半島維持了七百年以上的伊斯蘭世界。

向東西兩方展開雙翼的倭瑪亞王朝，鑄造出刻有可蘭經文句的阿拉伯貨幣，並將阿拉伯語統一為官方語言。**促使令伊斯蘭世界的經濟流通，行政機構也開始順利運轉。**

然而，在阿拉伯人的統治地位愈來愈明確之後，被征服的異民族們開始對於繳納地租與人頭稅的不平等待遇表達出不滿。

伊斯蘭教的擴大與聖戰

從穆罕默德到倭瑪亞王朝

- **570年左右** 穆罕默德誕生
- **610年左右** 穆罕默德受到神的啟示
- **630年** 穆罕默德統一阿拉伯半島
- **632年** 穆罕默德死去 阿布·巴克爾成為初代阿里發（往敘利亞、埃及、薩珊王朝波斯領土擴展版圖）
- **661年** 穆阿維亞在與第四代阿里爭鬥中獲勝，宣布成為新的哈里發（分裂成什葉派與遜尼派）

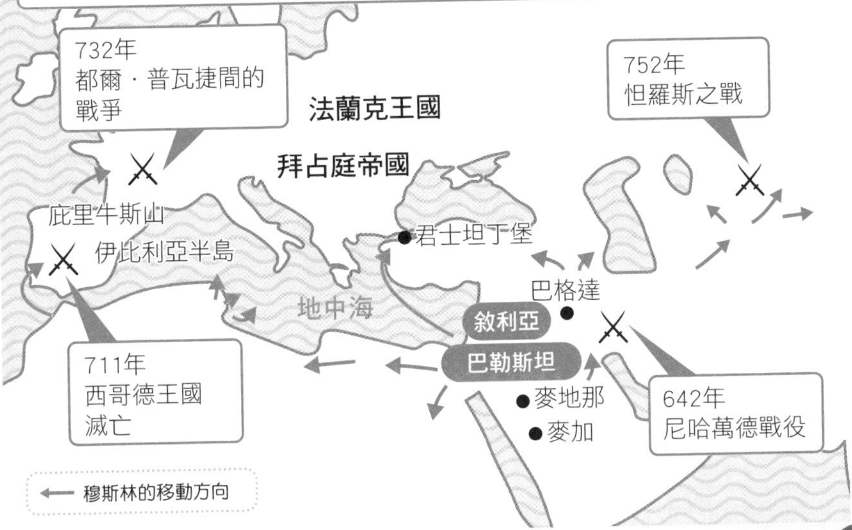

732年
都爾·普瓦捷間的戰爭

法蘭克王國

752年
怛羅斯之戰

拜占庭帝國

庇里牛斯山

伊比利亞半島

君士坦丁堡

巴格達

地中海

敘利亞

巴勒斯坦

711年
西哥德王國滅亡

麥地那

麥加

642年
尼哈萬德戰役

← 穆斯林的移動方向

Column 伊斯蘭的慣例——聖戰吉哈德

對伊斯蘭世界來說，因為將與異教徒之間的戰爭視為「聖戰」，即便戰死也是「殉教」的表現，因此兵卒們士氣高昂，這可以說是阿拉伯軍隊強大的祕密。

說到阿拉伯人的移動手法，不用多說正是依賴駱駝。駱駝在沙漠的風暴中能連續數日忍耐口渴與飢餓，是不可或缺的移動工具。然而，在進行戰鬥時則不使用駱駝。

阿拉伯人會在戰鬥開始前換乘馬匹，若不是馬匹的話，在講求速度的戰鬥中就無法獲勝。如果被敵人超前，可能會因落後的不利局面陷入苦戰。

移動時以駱駝，戰鬥時則是以馬匹，妥善地將兩者區分開來。

外野席 **持續至今的什葉派與遜尼派的爭鬥** 什葉派與遜尼派於7世紀分裂，從開山鼻祖穆罕默德逝世後的繼承者之爭開始。什葉派認為伊斯蘭社會的領導人，必需從與穆罕默德有血緣的阿里與其子孫中選出；相對的遜尼派則認為應該重視沒有血緣關係的聖行（慣行）。兩者中的遜尼派占了伊斯蘭社會的九成。

與東方的長安並列，西方的國際都市——巴格達的發展

急速延伸的伊斯蘭世界分裂成阿拔斯王朝與後倭瑪亞王朝。

750年～9世紀初
阿拔斯王朝

在阿拉伯人的世界之外，誕生了伊斯蘭的改宗者（馬瓦里），隨著伊斯蘭文化拓展到各民族，因風俗習慣與生活原則的不同而產生對立，不滿也隨之爆發。甚至出現想要將倭瑪亞王朝推翻的行動。

與預言者穆罕默德的叔父為同一家系的阿布·阿拔斯（Abul-Abbas），利用「伊斯蘭共同體的領導者應當由出身穆罕默德家的人擔任」的思想，獲得馬瓦里（Mawla）與什葉派的反倭瑪亞勢力支援，在東部伊朗起義。**於西元七五〇年建立阿拔斯王朝之後，於隔年消滅倭瑪亞王朝成為伊斯蘭世界的霸權**。

然而，倭瑪亞王朝的哈里發一族也頑強地從伊比利半島脫離，**將哥多華（Córdoba）作為首都建立後倭瑪亞王朝**。勢力範圍雖然僅限於伊比利半島，卻使**伊斯蘭共同體演變為東西兩邊分裂的局面**。

新興的阿拔斯王朝，打壓了什葉派選出第二代哈里發曼蘇爾（Al-Mansur），並在巴格達（Baghdad）建立了一個壯大的圓形新都城，與大唐帝國的首都長安並列，被視為是世界最大的首都，享受空前未有的繁榮。

這個時代整頓了伊斯蘭律法，消除對非阿拉伯人種的差別待遇，更準確地說，是讓對阿拔斯王朝的誕生有所貢獻的伊朗人在軍隊與政府機關受到重用。首都也遷至巴格達，**脫離了由阿拉伯人壟斷的單一民族統治，可以說是實現真正的伊斯蘭共同體也不為過**。

然而在伊朗、敘利亞、埃及等地，總督們培養獨自的軍隊，以個人的判斷行動，也理所當然地逐漸從哈里發的主權中脫離，自內部開始發生變化。

後倭瑪亞王朝與阿拔斯王朝

Column 與非阿拉伯人的社會共存 活絡的商業經濟與文化

伊斯蘭共同體整頓了貨幣、交通道路與市場，一口氣讓貿易活動與流通網路擴大。與西洋基督教世界的地方分散型農業社會相比，伊斯蘭世界中活絡的商業都市型性格也是獨樹一格的。

同時包容大量的異民族社會，承襲希臘─羅馬文明，與伊斯蘭文化的融合也達成文化的升級。即便阿拔斯王朝衰退，在商業流通與文化的發展上仍是沒有任何阻礙的。

伊朗、埃及等地無視哈里發的權威，脫離阿拔斯王朝往獨立前進的同時，伊斯蘭共同體也更加蓬勃地發展。

外野席 **被空襲的「平安之城」── 巴格達** 遭受波斯灣戰爭美軍空襲的伊拉克首都 ── 巴格達，其歷史可以追溯到古老的漢摩拉比國王。之所以被選為阿拔斯王朝的首都，是因為地處底格里斯河畔便於貿易。那是一座在三重城牆包圍下的圓形都市，最裡面的城門內聳立著黃金宮殿與清真寺，只允許哈里發的親信與親衛隊進入。

與羅馬教會結盟，查理大帝的遠見

西羅馬皇帝的傳統與羅馬天主教會，兩方權威的合體。

481～800年
法蘭克王國

法蘭克王國是構成西歐中樞的法國、義大利等近代國家誕生的原型。這意味著，法蘭克王國的歷史對於現代人來說是相當切身的話題。

法蘭克民族發祥於萊茵河下游、河口一帶，很早就與羅馬帝國結緣、培養勢力。在那之中，**墨洛溫王朝（Merovingian）的克洛維一世（Clovis I）於四八一年打敗其他支族，創建法蘭克王國。**

由此之後開始將統治區域從萊茵河擴大到大西洋、加龍河（Garonne）一帶，東羅馬皇帝亦將克洛維一世視為西羅馬帝國的後繼者。也因為其皈依天主教，羅馬教會也樂意與法蘭克王國結成同盟。

然而在克洛維一世死後，法蘭克王國分裂成四個國家。其中，在奧斯特拉西亞（Austrasia）王家任職宮相的加洛林（Carolingian）家族開始崛起。其後的丕平三世（Pépin III，亦稱矮子丕平），獲得羅馬教皇「唯有適任者才是名符其實的君王」的認可，迫使墨洛溫王朝退位並即位為國王，開創了加洛林王朝。

加洛林王朝的法蘭克王國，由丕平的兒子查理大帝（Charlemagne，亦譯為查理曼大帝）成為全法蘭克王國的統治者，確立了王權並迎來全盛時期。在東邊擊退亞洲的阿瓦爾民族，使巴伐利亞公國（Herzogtum Bayern）成為其附屬，於北面壓制強大的撒克遜人，在南邊則是征服了北義大利的倫巴底王國（Regnum Langobardorum）。其將奪取的領地捐獻給羅馬教皇，一步步與羅馬教會建立愈發緊密的關係。

八〇〇年的聖誕節當天，查理大帝在聖彼得大教堂由教皇聖良三世（Pope Leo III）加冕為羅馬**皇帝，同時握有神聖權力（教皇）與世俗權力（君主），確立其在西歐世界的權威。**

法蘭克王國的發展

451年 在高盧擊退阿提拉率領的匈人

481年 墨洛溫王朝的克洛維一世整合支族，建立法蘭克王國

496年 克洛維一世改信奉天主教

507年 西哥德王國在南高盧被擊退

511年 隨著克洛維一世的死去，分裂成四個國家

統一、分裂局面不斷反覆

732年 查理·馬特（加洛林家的宮相）率領的法蘭克軍隊將伊斯蘭軍隊擊敗

751年 法蘭克王朝的丕平興起加洛林王朝

756年 丕平討伐倫巴底人，捐獻拉溫納地區給教皇

800年 查理大帝，受到教皇聖良三世加冕為羅馬皇帝

克洛維一世

查理大帝

Column 卡洛林文藝復興的主人翁 查理大帝

平定多個民族與部落，讓西歐一大帝國崛起的查理大帝，為了廣傳基督教（羅馬教會）致力於讓拉丁語教育普及，發展學問與藝術文化。

此舉被稱作是「卡洛林文藝復興」（Carolingian Renaissance）。查理大帝也被《羅蘭之歌》（La Chanson de Roland）等無數篇讚美勇武的詩句或中世紀的傳說英雄傳等記載歌頌。另外他也被讚揚為法國與德國兩方的民族之王、始祖等。

後世的人們，如拿破崙與希特勒等都表揚、利用其名聲，歐洲議會（European Parliament）也以查理大帝之名設立獎項，授獎給對整合歐洲有所貢獻者。

外野席 **影響歐洲各地的日耳曼法** 《薩利克法》（Salic law）是於現今比利時地區建國的法蘭克人習慣法的成文法規，是日耳曼各部落中最古老的代表性法典。雖然數次改訂，卻仍留有日耳曼固有的法律要素。有各種贖罪金制度與知名的「薩利克法的王位繼承法」等等。給予後世巨大影響。

33 王國的分裂：形成法國、德國、義大利三國的基礎

法蘭克王國的分裂，同時形成西歐中世紀封建社會。

843年～
法蘭克王國的分裂

在加冕為羅馬皇帝的查理大帝死後，繼任者的爭奪戰很快地展開了，到了其孫子的世代，於八四三年簽署了將法蘭克王國一分為三的《凡爾登條約》。

根據此條約，王國被分割成「中」、「西」、「東」三個國家。而在之後八七〇年的《梅爾森條約》中，除了北義大利之外的中法蘭克再次被分割，並將東西法蘭克合併，**其結果形成現今法國、義大利及德國的骨架**。

在某一段時期，皇帝查理三世（胖子查理）雖然身兼三國的王位，卻在北方的威脅——維京人襲擊巴黎時，完全沒有帝國之主的氣勢。諸侯們對其唆使他人掠奪土地的醜態感到震驚，後來也因此發生廢黜事件（八八七年）。

於是，法蘭克王國就此滅亡，也沒有新的勢力接替。維京人是北方海盜集團，其蠻橫讓人不寒而慄，然而維京人卻對於從東邊開始入侵、來自亞洲的馬扎爾人（又稱匈牙利人）有所警戒，也未能展現任何反擊的力量。而且，在那期間不知是否因為舉旗不定，伊比利半島的後倭瑪亞王朝持續著不尋常的沉默。

西歐在這段相對靜默的期間內，正慢慢地進行著將「封建社會」組織化的行動。換句話說，在查理大帝的時代被任命為地方首長或是被賦予封土的諸侯以及騎士之間，皆在確認其上下關係，並簽訂主從關係的契約以維護各自的安全與利益。

上位者（君主）給予下位者（領主）土地，取而代之的是下位者必須守護其君主，**除了繳納稅金給上位者外，也必須背負軍務等服役義務，形成雙向契約的體制**。

法蘭克王國的分裂

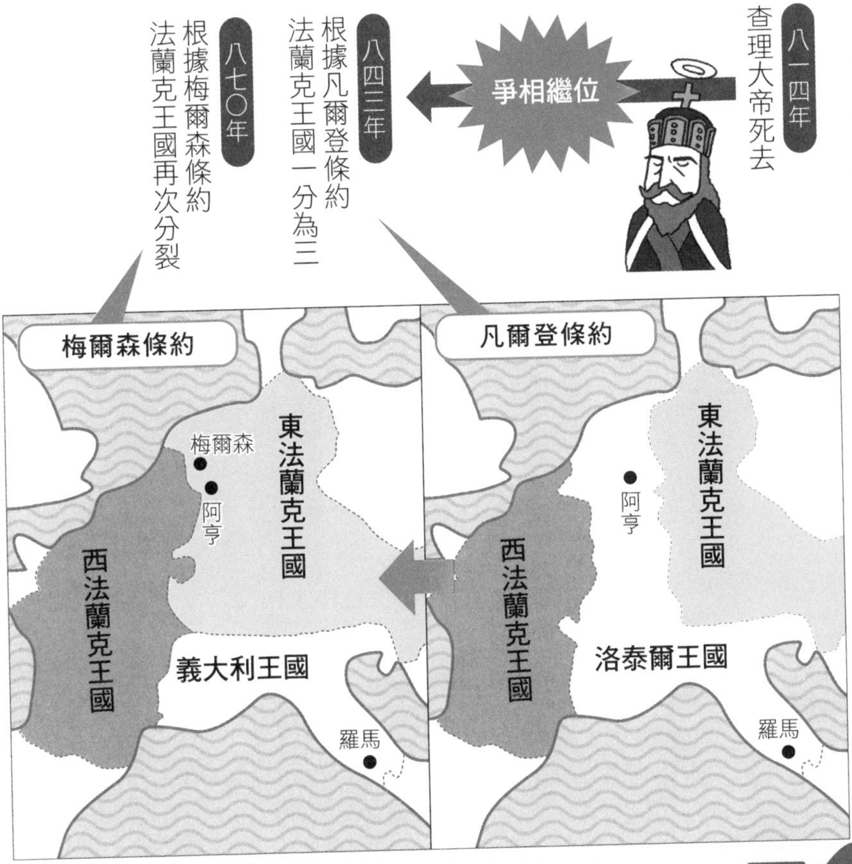

Column

反覆掠奪與遠征的海盜集團——維京人

維京人也被稱作諾曼人（北方人），在北歐語中也有「海灣之人」即為「外出」（當海盜）的意思。

然而若探究其實情的話，維京人其實是由挪威人、瑞典人、丹人的首長，率領整個家族以掠奪為目的搭乘軍用船隻，反覆進行遠征的海盜集團。

企圖從北海與波羅的海往俄羅斯襲擊，反覆遠征至不列顛群島或是愛爾蘭、法國、義大利各區域。

之後，他們在英格蘭建立丹王朝（Dane），並於西法蘭克的塞納河口建立諾曼第公國（Ducatus Normanniae），在俄羅斯建立諾夫哥羅德公國（Novgorod Republic），於各地留下足跡。

外野席 **希臘正教的起始**　解明基督教的歷史時，會發現有很多不明緣由的部分。天主教教會與新教教會是在中世紀時自中央分裂成五個部分，羅馬教會（西方教會）與君士坦丁堡教會（東方教會9 ）共存。現今的前者是天主教的本部，後者則是希臘正教的總會。

在伊斯蘭世界興起的突厥語系部落群體

中亞的突厥化——突厥斯坦改變了伊斯蘭世界。

1055年～13世紀
中亞　突厥斯坦

六世紀以來，中亞開始受到突厥語系的突厥族統治，直到九世紀後半同樣是突厥語系的維吾爾族定居於此，使中亞朝著突厥化進展。土耳其的伊斯蘭化也同步推動著，到了十世紀，中亞出現首個信奉伊斯蘭教的突厥語系王朝——喀喇汗王朝。

如此在中亞發生的一連串突厥化與伊斯蘭化被總稱為「突厥斯坦」。

在十一世紀中期，**圖赫里勒·貝格（Tughril）建立塞爾柱王朝，並進駐巴格達**。接著，因為在布維西王朝（Buyid dynasty）統治下救出哈里發的功績而獲得蘇丹（統治權）的稱號，並進行了以下三點改革。

第一點為採用布維西王朝的「伊克塔制」。對於軍人不以支付現金作為俸給，而是給予分地，交付土地的徵稅權。第二點則是開設學習神學、法學的「尼札米亞學院」（Nezamiyeh），支援遜尼派，並乘著氣勢在短期內占領了耶路撒冷，侵入拜占庭帝國。

第三點是重用奴隸兵馬木路克（Mamluk），其被評論有作為騎馬戰士的武藝與忠誠心。甚至有哈里發率領多達數千人的馬木路克軍團，對於伊斯蘭帝國來說是不可或缺的存在。然而在哈里發勢力式微後，解放、重用馬木路克的方針也被終止。

之後，薩拉丁（Saladin）在埃及建立的埃宥比王朝（Ayyubid dynasty）滅亡，馬木路克王朝於一二五〇年誕生。馬木路克王朝徹底地阻擋了蒙古軍隊的入侵，漂亮地將之驅逐，在開朝之後也持續了兩百五十年之久。

自此，突厥語系部落成了中亞地區、伊斯蘭世界的勝利者。

塞爾柱王朝的政治

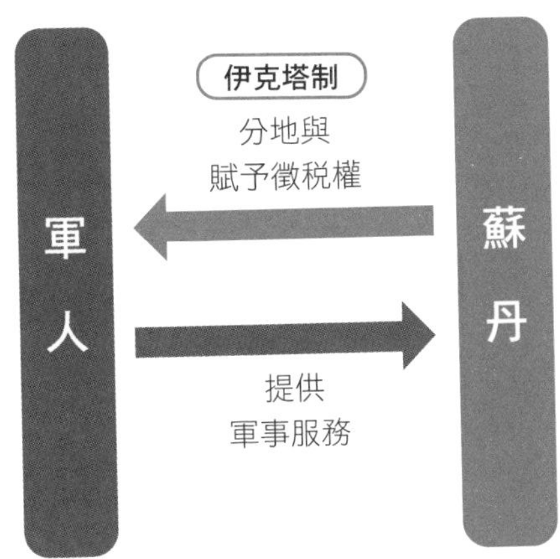

1 提供伊克塔制

給予軍人分封土地（徵稅權）代替俸給

2 學院的設立

為了振興遜尼派，設立教學研究的場所「尼札米亞學院」

3 重用馬木路克

招募原先就有武藝及忠誠心的被征服者作為士兵

Column 印尼是世界最大的伊斯蘭國

在現今世界中最大的伊斯蘭國是印尼，是否感到不可思議呢？印尼甚至連穆斯林（伊斯蘭教教徒）所編制軍隊的出征痕跡都沒有，為什麼會是世界上最大的伊斯蘭教國呢？我們試著來解開這個謎團。

穆斯林商人取代軍人於印度洋自由進出。十三世紀德里蘇丹國（Delhi Sultanate）的成立，除了讓伊斯蘭化的印度商人能夠活躍地發展，也讓伊斯蘭的都市文化傳播到在蘇門答臘與爪哇的居住地，使當地住民為之著迷。

真正的伊斯蘭時代是開始於印度教的滿者伯夷國（Madjapahit）的滅亡，而伊斯蘭教王國—馬打蘭蘇丹國（Mataram Sultanate）則是在十六世紀左右建立。

外野席 **馬木路克的伊斯蘭國家建立**　最早受到伊斯蘭化的是伊朗地區的人民。從祆教、摩尼教、佛教、聶斯脫里派基督教等宗教脫離，改宗伊斯蘭教。接著突厥人在其建立的伊斯蘭國家之下成為馬木路克（奴隸士兵）。並隨著逐漸增強的勢力，最終實現了喀喇汗王朝（Kara-Khanid Khanate，10世紀）的建立。

35 屢次十字軍東征的功績與罪過

將西歐基督教世界合而為一的聖地，收復耶路撒冷的大遠征。

在這世界上所說的十字軍，是一〇九五年北義大利舉辦的公會議之時，信奉伊斯蘭教的塞爾柱王朝突厥軍將聖地耶路撒冷占領之事，因被拜占庭帝國派遣的使者以聖地巡禮受到迫害為由大肆渲染，進而引發了開端。

很快地在同年十一月，**法國南部的克萊芒會議（Council of Clermont）中，羅馬教皇烏爾班二世（Beatus Urbanus PP. II）以「讓可惡的民族（突厥人）根絕」、「參加的人可以免去世俗之罪」為口號，號召所有的基督教徒**，其號令旋及在整個歐洲引發狂熱的反應。

隔年八月，**集結於法國南部的遠征軍隊總勢力約達六萬人。以法國、義大利的騎士團與諸侯為中心**，被教皇逐出教會的德國則沒有參加。他們組成的軍隊（十字軍）向東進發，到達耶路撒冷後受到伊斯蘭教徒歡迎，十字軍被視為聖地巡禮團，不只給予食物、還幫他們帶路。

這與拜占庭帝國使者的報告不同，異教徒們在此和平共存著。然而，十字軍仍舊入侵了耶路撒冷，殺害數以萬計的伊斯蘭教徒與猶太教徒，**並接著宣告將聖地解放，建立耶路撒冷王國**。

在這前後的約一百三十年間，反覆進行了六次的十字軍東征，是否有達成預期的目的，獲得成果呢？結論是，十字軍的「聖地解放」並沒有達成。

如此說來，這是一場毫無意義的行動嗎？

也並非如此，與十字軍同行的商人團與民眾們，受到東方世界及伊斯蘭文明的激發，學習到先進的科學技術，打破封建農村中心的停滯狀況，開啟通往近代的大門。

十字軍的第一次東征與其結果

1071年
塞爾柱王朝突厥**占領耶路撒冷**

1095年
拜占庭帝國皇帝**阿歷克塞一世，為了避免首都君士坦丁堡淪陷**向羅馬教皇請求救援

羅馬教皇烏爾班二世於克萊芒會議提議十字軍東征

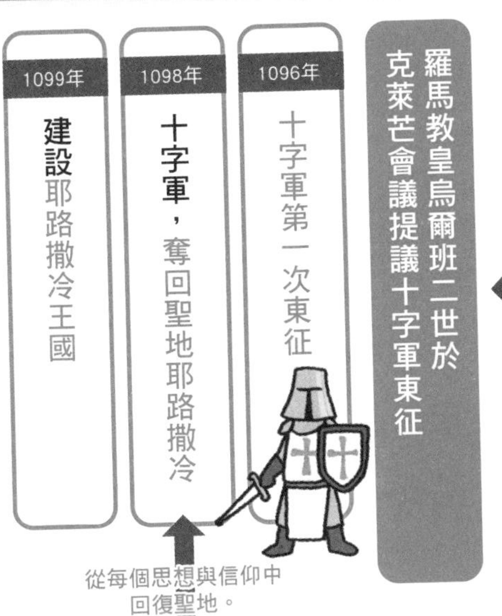

從每個思想與信仰中回復聖地。

國王、諸侯、騎士
領土的擴大、戰利品的獲得、避免勢力沒落

商人
交易範圍的擴大

農奴
祈求減免負債及階級的解放

烏爾班二世
目標：教皇權利的絕對化、統一羅馬天主教會與希臘正教會

Column 狂熱的十字軍。是史上最大的愚蠢舉動？

在當時有不少人公然將十字軍的行動說成「愚蠢舉動」。被作為野心家的教皇所煽動，一邊將十字架做為象徵，呼喊公理與正義，一邊踐踏伊斯蘭教徒的善意，殺害猶太教徒，竭盡所能地掠奪。

兒童十字軍在遠征途中被當做奴隸賣掉，占領同盟的都市君士坦丁堡，建立拉丁帝國。而意識到同盟是敵人、也是競爭對手的商人則露出了微笑。

為了讓大量的人與馬匹能多次往來，開闢交通路線，物資的流動變得活絡，商人團無須太費力就獲得利益並成為了主角，近代史也即將展開。

外野席 以色列的耶路撒冷是和平共存的象徵？　以色列雖然是個與日本的四國差不多大的小國，卻握有極大的潛力。耶路撒冷是世界三大宗教——基督教、猶太教、伊斯蘭教的聖地，其舊市街中有基督教的聖地聖墓教堂、伊斯蘭教的聖地「岩石圓頂」、猶太教的「西牆」（又譯為哭牆），直到現在也依然共存著。

36 易北河以東的中世紀都市聯合體——漢薩同盟

從地方莊園的時代到都市中心、商業網絡中心的時代。

十一世紀到十三世紀，迎來中世紀的西歐開始了劇烈的社會變動。

農村在封建領主的支配下，著手使用靠重量牽引的鐵製有輪犁，開闢更深處的森林，因為開始能夠開墾硬土的區域，耕地面積一舉擴大。土地的利用方法分為春耕地、秋耕地、休耕地，依照三圃制依序使用土地。

而結果是讓農業生產力呈飛躍性地成長，也因為有多餘的生產物，而興起將生產物商品化並販賣之舉。**商品經濟於農村開始扎根，在貨幣經濟的滲透下，從封建束縛中解放的獨立自營農民逐漸出現**，其中，往都市移居的人也越來越多了。

而承接這樣狀態的是羅馬時代的古代都市與殖民市，例如在易北河（Elbe）東部以手工業者組織與商人團作為中心建設起的新都市。此外，十三世紀時，更從封建領主與國王手中獲取自治權成為自由都市，開始展現都市本身的自立能力。**由德國北部的呂北克（Lübeck）、漢堡（Hamburg）、布萊梅（Bremen）等等各都市所組的漢薩同盟（Hanseatic League）**，就是其中代表的例子。

最初漢薩（Hanse，即商會）是如同字面意義上的商會組織，隨著倫敦（London，英國）、布魯日（Brugge，比利時）、大諾夫哥羅德（Veliky Novgorod，俄羅斯）、卑爾根（Bergen，挪威）等外地漢薩的結成，與本國的漢薩連結展開國際貿易。全盛期達七十座都市之外，還曾有一百三十個都市加入。

然而，因為出現像荷蘭、英國等採用重商主義政策的專制國家而衰退，到十七世紀時就自然沒落了。

都市同盟與貿易路

Column

漢薩同盟的盟主——呂北克

獨占以波羅的海為中心的貿易，極度繁榮的漢薩同盟，其盟主是自由都市呂北克（Lübeck）。被呂北克運河與特拉維河（Trave）所圍繞的舊市街全境也被登錄在世界遺產，現在仍以「漢薩的女王」稱呼其過往殘存的樣貌。

鑽過霍爾斯滕門（Holstentor）踏入舊市街，曾舉行漢薩同盟會議的安特衛普大廣場（Grote Markt van Antwerpen）上排列著市政廳、德國首個慈善聖靈醫院（Heiligen-Geist-Hospital）、巴哈（Johann Sebastian Bach）曾到訪過的聖馬利亞教堂等建築。

另外，呂北克是諾貝爾文學獎得獎作家湯瑪斯．曼（Paul Thomas Mann）的出生地。其代表作《布登勃洛克家族》中，作為故事主要舞台的家也於博物館公開展示。

外野席 **自由都市是如何形成的呢？** 都市雖然是自由的培養皿，但是自由卻不是主動出現的。即便是得到封建領主、敵方的王或國王的特許狀獲得自治權，通常也會附加條件，例如納稅或是軍役。然而當商品、貨幣經濟進入領主階層，與將經濟力作為背景的商人階層勢力對抗，權力或勢力的關係也會隨之產生變化。

在皇帝、教皇與諸侯間的抗爭漩渦中興起的都市國家

在海外也持有領土，義大利北部自由都市的發展。

12世紀～14世紀
義大利　都市國家

九世紀末加洛林王朝的法蘭克王國滅絕之後，義大利由羅馬教皇與封建諸侯分立，成為一個勢均力敵、反覆發生抗爭的國家。再加上神聖羅馬帝國（德意志）的歷代皇帝，因企圖支配義大利而多次遠征，混亂一直持續著。

在此之中，**南部在一一三〇年時，由忠誠效命忠於羅馬教皇的諾曼人（Normands）騎士團，驅逐伊斯蘭勢力，將南義大利與西西里島（Sicilia）合併建立了兩西西里王國**（Regno delle Due Sicilie）。

對此，在中部、北部則有封建諸侯的抗爭與德意志皇帝的入侵，在德意志皇帝與羅馬教皇的持續衝突之中，有勢力的都市獲得自治權，選擇走上獨立之路。

舉例來說，威尼斯原本是由德國南部透過萊茵河通往北歐，加之與拜占庭帝國的對抗中，擴展到了小亞細亞，更推進至黎凡特交易（Levant trade，東方交易）。佛羅倫斯（Florence）則是以羊毛產業與之連結。

十二世紀後半，在德意志皇帝的干預之下，以威尼斯作為盟主，米蘭（Milano）、熱那亞（Genova）、波隆那（Bologna）等二十二個國家於蓬蒂達修道院（Abbazia di Pontida）集結，組成有名的倫巴底同盟（Lega Lombarda），為對抗德意志皇帝，結成防禦同盟。

三十年後，德意志皇帝根據條約撤退。**從此之後，威尼斯、熱那亞、佛羅倫斯等有勢力的自由都市發行獨自的貨幣，成為自治共和國，進入自由都市國家的發展階段**。接著，統治周邊都市、甚至占據海外領土。市政與財富被有力家族獨占，出現寡頭政治的局面。

就如同**舊羅馬帝國再次登場**那般。

自由都市與自治都市

自由都市

直屬於皇帝與國王的都市，獨立於封建領主。

於14世紀之後的德國大量出現（如：奧格斯堡等）

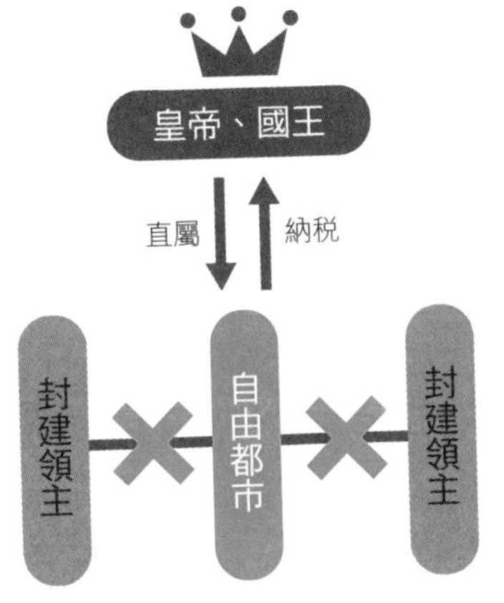

自治都市

市民自行主持市政的都市，完全獨立於封建領主。

於12世紀之後的義大利大量出現（如：威尼斯等）

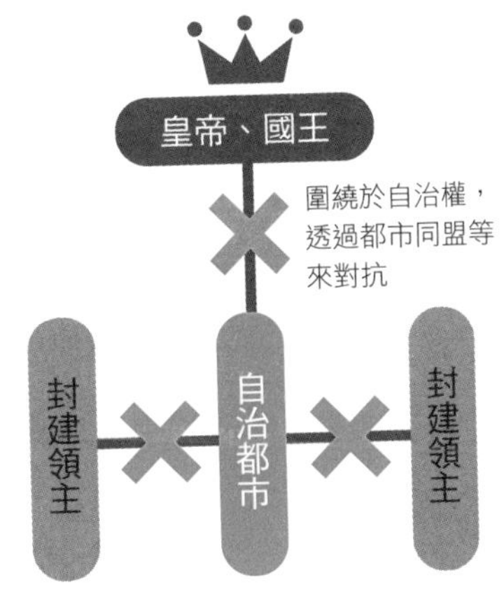

Column

自由都市是什麼呢？自治權為何？

雖然這是在日本沒有被正面論定的學說，但不代表在日本就沒有自由都市。葡萄牙的Padre（葡萄牙語修道士之意）到訪泉州堺與九州博多之際，提出「跟威尼斯好像！」的驚訝之語。

雖然不是什麼令人驚訝的事情，但和有條件的自由都市不同，而是由封建領主或是國王授與完全自治權的都市，應該是其與日本的自由都市之差別吧？

自由都市是在一邊接受國王與領主的統治下，一邊買下自治權、特許狀等等，進而被公認成為自由的都市。

所以，可以知道自治二字是有意義的。

外野席 **威尼斯的「乳房橋」** 很久很久以前，在威尼斯聖保羅區（San Polo）有一座橋稱為「乳房橋」（Ponte de le Tette）。在那座橋的兩端或是附近的窗台，常會有身穿美麗洋裝的美女誘惑男性。她們並非只是高級娼婦，更樂在享受進出宮廷與沙龍，討論政治話題、哼唱詩歌與音樂之事。

建立了出眾的世界帝國，蒙古的騎馬軍團

從成吉思汗到忽必烈所展現的大草原能量。

1206年～1242年
蒙古帝國

十三世紀初，在歐亞大陸的東側，蒙古高原領導遊牧民族的非凡王者——「可汗」出現了，也就是**成吉思汗——鐵木真**。

要掌控在無邊無際的大草原上四處奔走的遊牧民族，遠比計算螞蟻的數量更為艱難。對此，匯總成千戶制，以十進位分成十戶隊、百戶隊，並將分好的群體以千戶為單位組成。據悉共編制有超過九十個千戶群體。

話說回來，這並非只是單純的戰鬥集團。並不是由九十個以上的千人隊伍，而是由九十個以上的千戶編制而成。戶，也就是由一個家族所組織起來的社會組織。在這之中，**成吉思汗將二十餘個千戶隊交給一族，剩下的七十多個的千戶隊則設為直屬。另外還有一萬多人的親衛隊。**

成吉思汗以此自西方往黑海方向進攻，甚至將版圖拓展到伊朗，讓基督教世界的國家備感震驚。

一二二七年，進攻西夏使其滅亡之後，成吉思汗雖然就此過世，但正值發展期的蒙古帝國將東方世界——女真族所建立的金朝消滅，已然打開了攻入中國大陸的門扉。

接任偉大的領袖頭銜，**作為成吉思汗繼承者的二代可汗是其第三子窩闊台汗**，因為隨著持續不斷的移動，國家是沒有固定根基的，因而將哈拉和林訂為首都，致力於整頓國家的體制。然而，遊牧民族的本性並沒有改變，對於戰鬥與掠奪之外的事物沒有興趣。

然而，窩闊台汗的願望也是枉然，廣大的帝國成為了兄弟間的奪取戰場。

成吉思汗與一族

成吉思汗

出生年不詳，成吉思汗（幼名：鐵木真）在1206年統一蒙古，成為初代皇帝。成吉思汗的子孫在那之後，建立四大汗國。

成吉思汗之死

1227年，於再次爭戰西夏並將其滅絕之際，成吉思汗在歸途中病逝。之後，由三子的窩闊台汗擔任第二代領袖，但帝國卻在不久後分裂了。

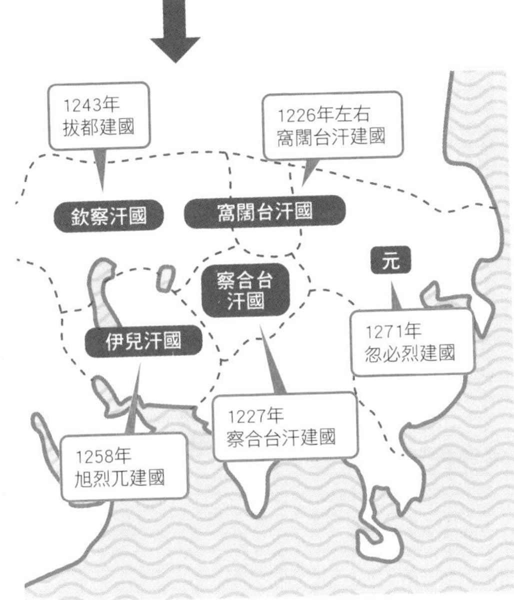

- 長子 朮赤
  - 拔都
- 二子 察合台
- 三子 窩闊台汗
  - 合失
    - 海都
- 四子 拖雷
  - 長子 蒙哥
  - 二子 忽必烈
  - 三子 旭烈兀
  - 四子 阿里不哥

Column

沒有受到中華文明毒害 蒙古帝國的先進程度

蒙古在進攻中國大陸的時候，為什麼沒有受到中華文明影響呢？

蒙古並非只在軍事方面強大。其將早期服從附屬的突厥語系維吾爾族視為同族，沒有文字的蒙古族借用維吾爾文字或是西藏地區的八思巴字母作為記錄方式，用於文書管理與商業交易。

也就是說，蒙古族在與中華文明接觸之前，就已受到伊斯蘭文明遺留產物的高度洗禮。並不是只在日常生活、國家經營與商業交易中派上用場。就連中華地區所沒有的天文學、曆法、數學、甚至伊斯蘭教與基督教也產生影響。

外野席

成吉思汗是源義經？ 於幕府末年到訪日本的德國醫生——西博德（Philipp Franz von Siebold），提出了「源義經成為了成吉思汗」的有趣見解。他認為蒙古突然出現了厲害的武將是奇怪的事情，蒙古過去並未使用長弓，可汗是「守＝汗」之意，即位式中所揭的白旗是源氏的旗幟等等。是否太過牽強了呢？

39 復興之祖，第五代忽必烈在中國開啟元王朝

沒有受中華文明同化，重用伊斯蘭商人促進商業及貿易。

1251～14世紀
元帝國

十三世紀中期，**正值第四代可汗——成吉思汗的孫子蒙哥的時代，蒙古帝國再次擴張**。抵達歐洲東部，在波蘭擊退基督教徒的軍隊勢力，讓歐洲陷入恐慌的深淵。並在歸途中，於俄羅斯南部建立欽察汗國。

蒙哥任命第二個弟弟忽必烈征服中國的南宋王朝，並在任命第三個弟弟旭烈兀壓制伊朗以西的伊斯蘭世界後逝世。其弟忽必烈繼承了可汗之位，其餘兄弟們也顯露出反叛意圖，為壓制反覆發生的衝突與叛亂，忽必烈果斷反擊。

將變得龐大的蒙古帝國**分割為俄羅斯南部的欽察汗國、伊朗的伊兒汗國、蒙古西北的窩闊台汗國、亞洲中央的察合台汗國**，各自走向獨立的道路。接著，**忽必烈自己於一二七一年，成為元王朝的元祖，將首都設於大都（北京）**。

忽必烈對於欽察汗國、察合台汗國、伊兒汗國將伊斯蘭社會埋沒之事作為前車之鑑，不與中華文明同化，而是重用伊斯蘭商人、重視商業，將振興貿易作為基本路線來貫徹。

然而，不管是哪一個國家，儘管面臨分裂的局面，作為遊牧民族的國家、蒙古帝國的後代子孫，仍保持著東西兩方間的交易與人的交流，以活絡的狀態持續運轉，這可能就是遊牧民族的本能吧。

即使是建立起出眾世界帝國的蒙古民族，到最後也找尋到了安身立命的土地。

元朝的交易與交流

Column

元日戰爭的真相是什麼呢？

來勢洶洶的蒙古風暴，也吹到了日本列島。

只是，吹到日本的蒙古風暴並非只受到「神風」的阻擋。朝鮮半島的高麗曾數度受到蒙古的侵略攻擊，在多次遷都之下堅持了數十年，最後終於投降。即便搭上了進攻日本的軍艦，也是出於無奈吧。

南方的越南也奮力抵抗，並擊退元朝軍隊，他們將元朝軍隊的攻勢分散開來，攻擊方的意志正在消減。到了第二次蒙古侵襲，元軍在歷經這般與東亞各國的戰役後，才到達位於極東的國家日本，可說是已經幫了日本很大的忙也不為過吧？

外野席　**五次無視元朝國書的鐮倉幕府**　從元朝傳來的國書記載著「希望從此以後兩國能互相維繫友好關係，更加親近」的話語。元朝（蒙古帝國）雖然在當時實際統治著世界上30%的區域，然而作為陸地的帝國對於大海有所不知。因此鐮倉幕府五度無視其國書，直到第二次元日戰爭時以實力將元朝擊退。

英國制止了取代羅馬教皇的國王壯大勢力

教皇之下，受諸侯與都市的特權動搖的王權去向。

1215年
英國大憲章

橫渡半世紀後，即使在與神聖羅馬皇帝間的敘任權鬥爭中勝利，擁護十字軍、**迎來巔峰期的羅馬教皇，也無法提升十字軍的成效，計畫的中斷也開始影響他的權威。**

於此同時，過去被教皇的權威壓制，受到諸侯與都市的特權制約的國王權威與權力因此成長，並急速地嶄露頭角，然而英國卻是例外。一〇六六年，**諾曼第公爵威廉二世（William II），擊敗盎格魯－撒克遜貴族聯合軍所創建的諾曼第王朝（House of Normandy）**與其他的歐洲諸國不同，從最初就擁有強大王權。

然而，諾曼第公爵威廉二世原本是法國的貴族，在法國擁有廣大領地的狀態下成為英格蘭國王，讓事情變得複雜。再加上一一五四年，**法國的安茹伯爵（comte d' Anjou）渡航至英格蘭，開啟金雀花王朝（House of Plantagenet）**，讓法國國內所屬的英格蘭領土更加擴大了。

開始著手強化王權的法國國王腓力二世（Philippe II Auguste）想當然耳放眼於英格蘭領地的爭奪。並從英格蘭國王約翰手中成功收回了一定數量的諾曼第公國領地。而這也讓約翰國王的權威盡失並斷送英格蘭貴族的信賴。而這時坎特伯里大主教（Archbishop of Canterbury）順勢登場。

大主教召集諸侯與上流階層的市民，訂定禁止國王濫用權力的條文，是為**大憲章（Magna Carta）**，並逼迫約翰國王認可。此舉限制了反覆出現的專制政治及不斷擴張的國王權力，是開創性的嘗試，卻也昭示著一場長久戰役即將展開。

接下來的英王亨利三世（Henry III）理所當然地無視大憲章，執行新的課稅。

約翰國王的失政與大憲章

腓力二世奪回的領土

法國領土與英格蘭領土

1066年 法國國王的封建家臣諾曼第公爵征服英格蘭

1154年 法國國王的封建家臣安茹伯爵亨利即位為英格蘭國王（成為亨利二世）

↓

兩人將原本是法國的領土占據為英格蘭領土

↓

法國國王腓力二世將喪失的法國領土奪回

↓

1209年，英格蘭國王約翰被羅馬教皇逐出教會

↓

英格蘭國王領地的喪失與信用低落，讓約翰國王的權力低下

↓

特伯里大主教與封建諸侯們強迫約翰國王承認限制國王權利的大憲章

Column

議會的開始，愛德華一世與模範議會

英格蘭使用法律來規範王權的行動，在大憲章制定之後也持續著。

在西蒙・德孟福爾（Simon de Montfort）的指導下，召集由過去的聖職者、貴族所構成的集會，再加上各州選出的騎士與都市選出的市民形成議會（一二六五年）。

愛德華一世（Edward I）也學習了前例，於一二九五年召集有力貴族與位居高位的聖職者、各州騎士、各都市代表市民，組成「模範議會」。國王在徵稅或是制定新法律時，必須由國民所構成的議會批准，國民則須接受議會的決定，負擔遵守的義務。

這形成後來英格蘭議會的基本雛型。

外野席 **大憲章的後續？** 大憲章承認了封建社會下諸侯的權利，其他像是教會的自由、市民的自由、禁止不當逮捕等也包含其中。接著，國王課徵軍役金的情況，也必須得到諸侯的承認。然而接下來的亨利三世則是雲淡風輕地無視了規定，實行新的課稅，到了都鐸王朝時大憲章更徹底地被遺忘。

聖女貞德從英格蘭手中成功奪回領土

實現奪回英格蘭領土的國王夙願：「法蘭西王國」的勝利。

1339年～
法國
貞・德

在法蘭西王國**以擴大王權與統一的中央集權國家為目標開始行動**之際，成為其絆腳石的是，在法國國內持有廣大領地的英格蘭諸侯，像是能與王族匹敵的勃艮第公爵等等。

一三二八年，英格蘭國王愛德華三世（Edward III），以主張母后是法國卡佩王朝出身為理由繼承法國王位。法國國王腓力六世和與英格蘭對立的蘇格蘭聯手，沒收英格蘭持有的波特酒產地吉耶訥（Guyenne）。

於是愛德華三世於一三三九年，進攻法國北部。以此作為開端，爆發了**百年戰爭**。戰爭在英格蘭占有優勢下進行，在法國側親英格蘭派的勃艮第公國與法國國王對立之際，**英格蘭也積極推進侵略法國，成立蘭開斯特王朝**（House of Lancaster），法國因而陷入嚴重的困境之中。

正值此時，**農民之女貞・德**（聖女貞德，Jeanne d' Arc）表示**「聽到救國的聲音」而自願成為騎士，激勵法國皇太子查理與其軍勢，突破英國對奧爾良（Orléans）據點的包圍網，成為救國的英雄**。查理最終於法國加冕成為查理七世，兩年後貞・德被英格蘭軍隊俘虜，並處以火刑。

然而，這個悲劇反而燃起法國全州的諸侯、騎士及各都市國民的怒火，令整個法國軍隊的攻勢反轉。一四五三年，除了加萊（Calais）之外，整個法國的英國軍隊已被驅逐完畢，百年戰爭也宣告結束。

法蘭西王國鞏固了國土，並由此開始往前邁進。

英格蘭、法蘭西兩國的關係與紅白的「玫瑰」

玫瑰戰爭

英格蘭於1455年爆發了蘭開斯特家族（紅玫瑰）與約克家族（白玫瑰）的王位爭奪戰「玫瑰戰爭」，並持續到30年後的1485年。

亨利七世與伊莉莎白的婚姻，讓玫瑰戰爭終於迎向結束。亨利七世開啟的都鐸王朝紋章，是以紅玫瑰與白玫瑰組合而成。

百年戰爭

1339年，以法蘭德斯的內亂作為開端，英格蘭與法蘭西的戰爭持續了約一百年的時間，並於1453年在英格蘭的敗北下閉幕。

貞・德

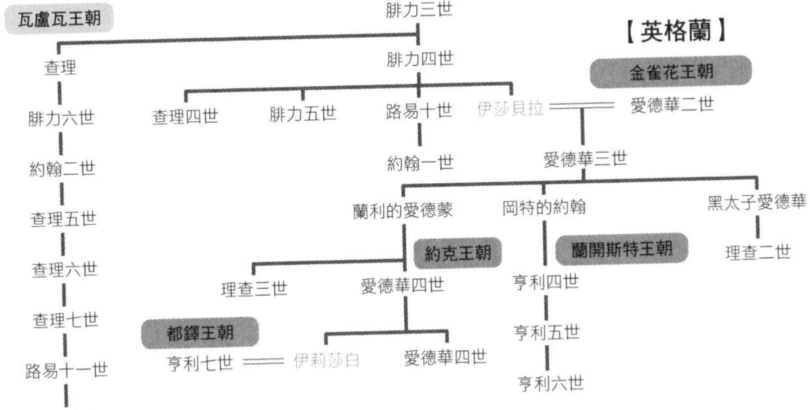

Column 貞・德的事蹟是實際存在的嗎？

十七歲少女只是以一句「收到救國的神諭」，便要求與皇太子查理會面，還擔任突破奧爾良包圍網戰役的指揮，並要求在蘭斯大教堂完成加冕，其中的真實性究竟為何呢？

身為富裕農家的女兒，貞・德是健康且信仰虔誠的少女。而這樣子的少女之所以能成為救國的英雄，不必多說，正是因為驅逐了英格蘭敵軍，光復法蘭西王國。

克服法國內部分裂的對立狀況，打開通往勝利的道路，就有可能可以謁見皇太子查理。誠如傳說，她就是救國的英雄。

外野席 **複雜怪異的玫瑰戰爭動向**　環繞在蘭開斯特一家（紅玫瑰）與約克一家（白玫瑰）的王位繼承戰中，貴族們一分為二展開爭鬥，迎來複雜的歷程。蘭開斯特一家中都鐸家族的亨利打敗約克一家的理查三世，並以都鐸王朝的亨利七世之姿即位。之後與約克一家的伊莉莎白結婚，並籌備和解儀式。

連海外領土都擁有，義大利都市國家的財富與文化

文藝復興是下等政治與高等藝術的大雜燴。

14～16世紀
義大利　文藝復興

雖然十字軍歷經反覆多次的東征，卻在沒有什麼偉大成果之下草率結束了。

然而，這也並非是個完全無用的嘗試。**藉由接觸到先進的伊斯蘭文明科學技術與拜占庭文化，原本以地中海文明作為中心的歐洲古典文化，興起一股重新審視與再次評估的風潮**。也就是說，文藝復興如同其字面上的意思，是一個歐洲的再生運動。

開始進行東西方的交流、開拓交易路徑，必然會使商品經濟變得活絡，作為中繼據點的都市則因往來的人潮而熱鬧起來。儘管是領主所支配的封建農村，但封建領主與農奴的支配關係被消除，農民轉為獨自挑起商品經濟的大樑。

接著，封建社會逐漸開始崩壞，支配著中世紀歐洲精神世界的羅馬教皇與教會的權威也急速跌落。取而代之的，**是推崇創造新興精神提升的藝術與文化創造運動的贊助者（富裕市民層），作為新世代的精神領袖登場了**。

話說回來，後世對於義大利的都市國家有著「下級政治與高等藝術並立」、是具備獨特文化氣質的時代等評價，也是極具意義的一個時代。與此同時，羅馬教皇廳、米蘭公國、威尼斯國、甚至佛羅倫斯全都圍繞著統治權私下相互角力。

在其中，**從但丁（Dante）的《神曲》開始，薄伽丘（Boccaccio）的《十日談》**等作品揭開了文藝復興的序幕，不只限於文學、繪畫、雕刻、建築等，領域十分寬廣，**李奧納多・達文西**（Leonardo da Vinci）、**米開朗基羅**（Michelangelo）等等的人才輩出。

這也可以說是十字軍東征的成果。

以都市作為舞台的文藝復興

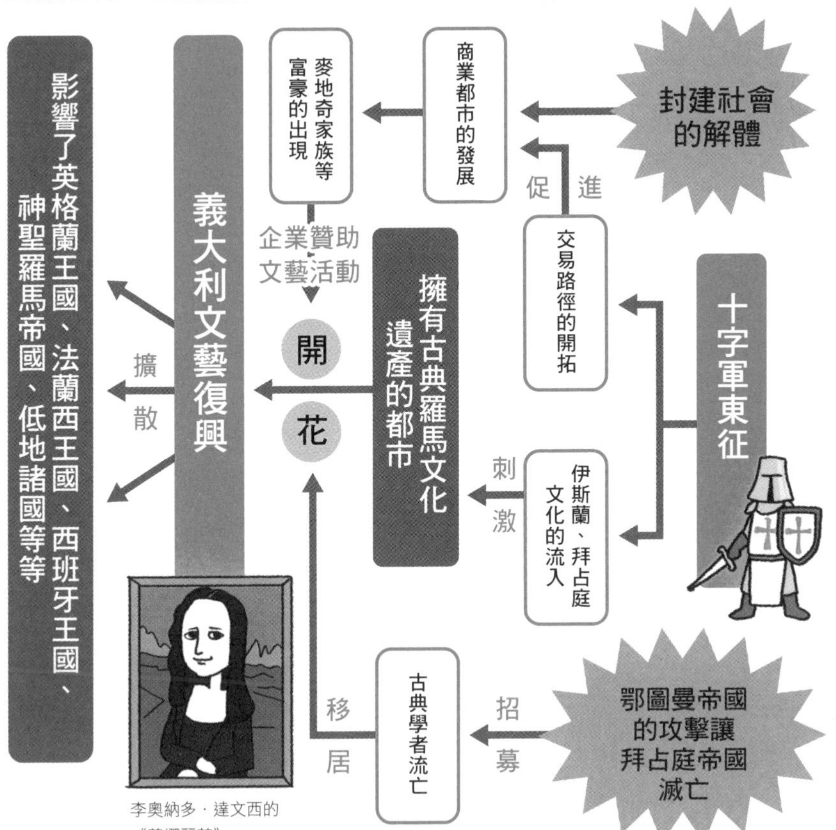

李奧納多．達文西的《蒙娜麗莎》

Column 文藝復興的發明——古騰堡的活字印刷

說到「文藝復興三大發明」，眾所周知為火藥、指南針與活字印刷，但若要說歐洲原創的發明物是哪一個的時候，大多數人應該都會支吾其詞。

答案是活字印刷。因為火藥與指南針都是伊斯蘭文明下的產物，並非歐洲首創。活字印刷是德國美茵茲的職人——古騰堡（Gutenberg），貌似以葡萄的壓榨機為靈感發明出來的。

雖然起初印刷本價格高昂，但因為跟手抄本比起來能以大量的本數印刷，對於古典的復刻、人文主義書籍的普及扮演重要角色。可說是文藝復興背後的功臣也不為過。

外野席 **到現在也依然耀眼的「藝術之都」佛羅倫斯** 義大利托斯卡尼（Toscana）的佛羅倫斯，是米開朗基羅與李奧納多．達文西活躍的「藝術之都」、「花之都」。豪門麥地奇家族支援了很多的藝術家，成為街道發展的後盾。甚至到現在，佛羅倫斯也被視作「沒有屋頂的美術館」，連街道中都洋溢藝術氣息。

大航海時代是從都市國家間的利益與權利鬥爭中開始的

放棄東方交易的熱那亞，在朝向西方前進時發現的新航路。

15～16世紀
熱那亞
太平洋航路的開拓

歷史有時候是從意想不到的地方誕生的。

世人所說的大航海時代是從什麼時候開始的？又為什麼開始呢？貌似是從**徘徊於東方交易的威尼斯與熱那亞的競爭開始的**。十四世紀後半，威尼斯打敗熱那亞並獨占了從地中海東部到黑海沿岸的交易權，熱那亞也因此被迫走避。

在這時偶然看向後方與西側，正好看見直布羅陀海峽，從那邊出去之後，望向大西洋沿岸處，就能看到盛產毛織物工業的法蘭德斯（Flandre），而其對岸正是英格蘭。如果與這些國家締結關係，應該可以開拓交易路徑吧？這就是形成大航海時代開端的事件。

熱那亞的商船數度在半途停泊於新興國家葡萄牙，被賦予各式各樣的特權，並收到帆船建造的委託。**到了十五世紀後半，葡萄牙自非洲西部的沿岸破航出海。有著「航海王」別名的恩里克王子（Infante D. Henrique）登場了。**

製作能於外海航行的堅固龍骨船，也將甲板拓寬，另外搭建能有效利用風力的三個桅杆，開始運用三角帆。並設置經由伊斯蘭傳入的指南針，天文學的應用及航海圖的製成，作為新時代的航海技術開始實際運用。

終於在一四八八年，巴爾托洛梅烏・迪亞士（Bartolomeu Dias）到達好望角。於此的十年之後，瓦斯科・達伽馬（Vasco da Gama）繞過好望角，到達印度西岸的科澤科德（Kozhikode），達成穿越印度洋的航行。這項壯舉不止成為大航海時代的序幕，也達成了伊比利半島的再征服運動（Reconquista）；於此同時，這些行動也能夠回應教會對尋找新傳教地的期待。

不斷擴大的世界

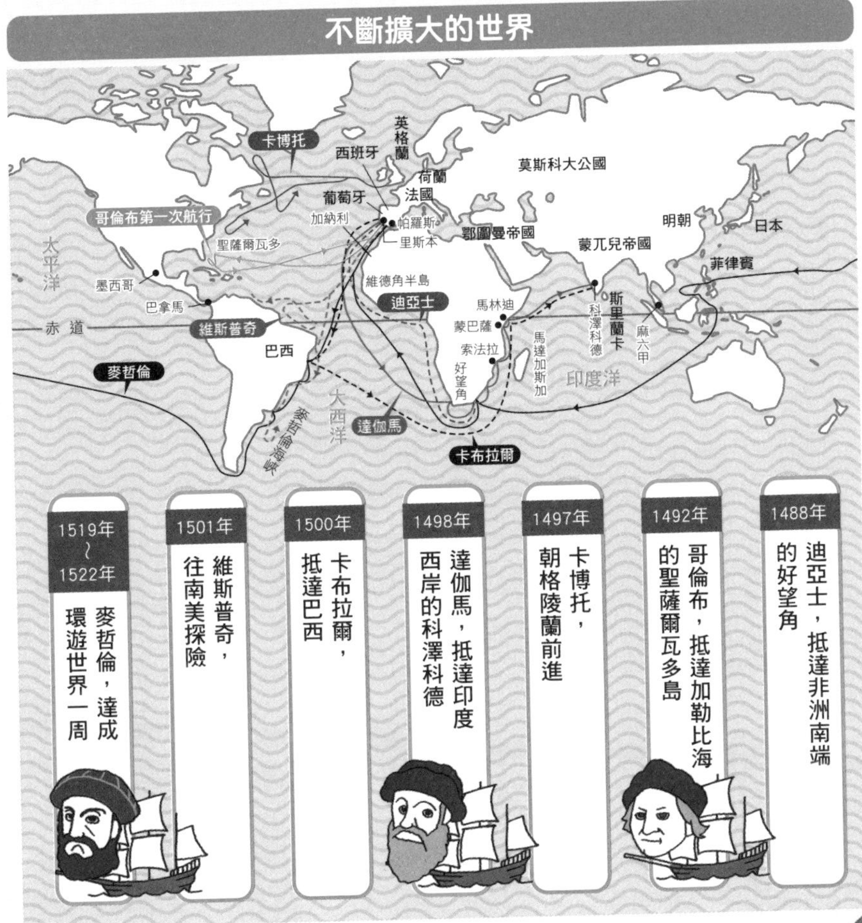

Column

荷蘭的正式名稱「低地國」

荷蘭國土有30%比海平面還低，另外，國土的20%以上在十三世紀之後，是透過填海造地工程所形成的。在那之後的七百年左右，造出將近五千平方公里的土地。

所以，荷蘭人自豪「世界是由上帝創造賜予的，荷蘭是荷蘭人所創造的」。國家的正式名稱稱作「Netherlands」，意為「低地」，毫不遮掩地表明其由來。（皆越尚子《荷蘭雜學》，暫譯，彩流社）。

十三世紀之後，荷蘭受限於擴大農地的必要性，一路以填海造地的手法製造出新的土地。這也可以說是改變中世紀歐洲樣貌的一種形態吧。

外野席 **被印度人小看的瓦斯科・達伽馬**　葡萄牙人達伽馬繞過南非的好望角抵達西岸的科澤科德，開拓了穿越印度洋的航海路線。當時為對印度教徒領袖表達敬意前往訪問，並贈送了來自葡萄牙國王的禮物，卻因為亞洲的富裕，認為贈物太過貧乏而被拒絕。

大航海時代的霸權，「日不落帝國」西班牙

發現新大陸，開始將規模擴展至全世界的征服與奪取。

16世紀
西班牙
菲利普二世

被葡萄牙超前的西班牙，認為應該要一口氣追回落後的進度，對哥倫布「橫跨大西洋抵達黃金般耀眼、名為東印度的東亞」之提案躍躍欲試。

哥倫布原本雖然預計於一四九二年抵達目的地，卻出現了意外。後來在佛羅倫斯人的航海探險考察中發現，**被哥倫布認為是東印度的土地，其實是尚未發現過的新大陸。很快地，新大陸被命名為「亞美利加」**（America）。

西班牙趁著勢頭與葡萄牙達成協議（托德西利亞斯條約），將非洲東方海上，維德角諸島以西所發現非基督教徒的土地歸於西班牙，東邊則歸於葡萄牙。其實這是基於投機利己的目的：如果巴西變成葡萄牙的領土，那菲律賓就會成為西班牙的領土。

就這樣在發現新大陸的相互競爭中，進入了大航海時代，但是，這卻成為對異民族的征服與統治權激烈爭奪的開端。**真正開始殖民地支配，並將此發展到極致的是西班牙王國。**

菲利普二世的父親——卡洛斯一世（Carlos Ⅰ）即位的時候，其支配的領地自澳洲到荷蘭的拿坡里—西西里王國，並接著拓展到美洲大陸。雖然將一部分的領土割讓給弟弟斐迪南（Fernando），但西班牙的王位與廣大的領土，則是由與他相似的兒子——菲利普二世繼承。

菲利普二世在一五七一年，於勒班陀戰役中（Battle of Lepanto）擊退鄂圖曼帝國海軍；更在一五八〇年，因為繼承了葡萄牙王位，**囊括了大航海時代相爭的兩個王國的殖民地，成為「日不落帝國的王」**。聚集了世界中的財富，誇耀著空前絕後的繁榮。

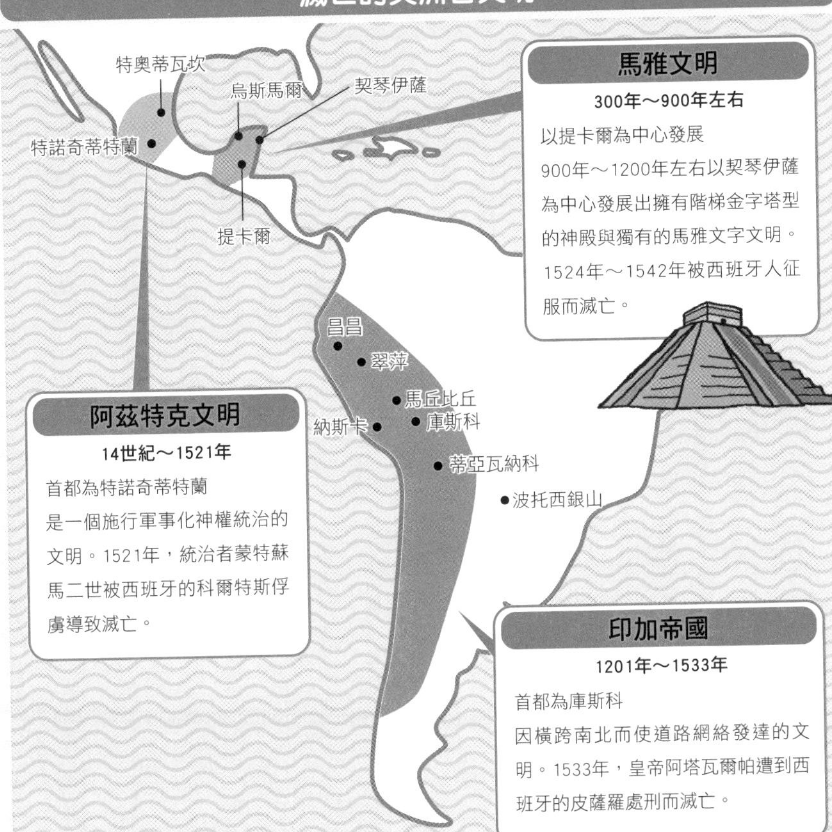

Column

批判了殖民政策的道明會修道士

據傳西班牙曾於新大陸虐殺當地人、進行奴隸買賣與強迫勞動等悲慘情事。而這些事情在基督教的世界卻以「他們野蠻且不文明，即便成為奴隸也是無可奈何」為由受到認同。

然而在道明會的修道士德拉斯．卡薩斯（Bartolomé de las Casas）目睹當地的實情，詳細地觀察並留下「美洲原住民是由一個組織良好，受到妥善統治的社會所構成的，是一群勤勞且健全的文明人」的記載，徹底批判自己國家的殖民政策。

這個批判讓西班牙王室的內心產生動搖，後來便成立「美洲原住民保護法」。德拉斯傳達出身為宗教人士不昧著自己良心，勇於堅持言行的精神。

外野席 **打造出現代街道原型的是西班牙的城鎮？** 承包街道設計公司的規劃師指出，現在西班牙的街道是最有趣的，並對此計畫著視察旅行。視察範圍包含里斯本、托雷多、馬德里、塞哥維亞、格拉納達、巴塞隆納等等，提出看見大馬路、小通道、廣場、中庭，甚至在街角都能看見「與異教徒的融合文化」的報告。

擊退西班牙無敵艦隊，掌握世界的制海權

取代日不落帝國，企圖以民間社會主導海外的進出。

在葡萄牙與西班牙進入並沉醉於大航海時代之際，其他的歐洲各國對此則是漠不關心。威尼斯與熱那亞等等義大利的都市國家，靠著在黎巴嫩進行交易而繁榮，沒有必要進行這種無法立刻獲利的遠征，而其他國家則忙著處理內政。

十五世紀的英格蘭，在長久的玫瑰戰爭後世局混亂，開啟都鐸王朝的亨利七世著手於鞏固專制王政的基礎。

雖然在亨利八世到瑪麗一世的統治下反覆歷經混亂，但到了**伊莉莎白一世時終於安定下來，開始進行海外相關活動**。

此時倫敦商人們為了擴大出口而開始出資開拓航海路徑，正值良好時機。活躍於英格蘭的海盜船攻擊並掠奪往返新大陸、載滿金銀財寶的西班牙船隻，在受到獨占黃金與香料的欲望刺激下，英格蘭的航海熱潮頓時高漲。

一而再、再而三，反覆地掠奪行為替英格蘭帶來財富、航海技術並確保了制海權。**終於在一五八八年，格瑞福蘭海戰中擊退西班牙的無敵艦隊**，確立了英格蘭的優越地位，趁此氣勢，**英格蘭開始在北美殖民，另一方面也在亞洲區域設立了東印度公司**。

與胡亂浪費財富的西班牙王室不同，英格蘭是以民間商人主導經濟，更為了培育國內產業，用擴大貿易得到的財富進行投資，這也促使近代資本主義的發展。在此確立的商業行為，朝向構成近代產業社會的原型發展。英格蘭作為「世界的工廠」朝著繁榮發展前進。

英格蘭由此站上了近代世界的頂點。

伊莉莎白一世

外政

- 在法國的宗教戰爭中，與西班牙同陣營的天主教教派對立的新教派結為同盟。
- 與西班牙相抗衡，支援荷蘭獨立戰爭。
- 殖民美國的維吉尼亞
- 處決天主教徒的原蘇格蘭女王瑪麗·斯圖亞特（亦譯作：瑪麗一世）。
- 於格瑞福蘭海戰中擊退西班牙無敵艦隊。

內政

- 制定「統一法」，確立英國國教會
- 以國王直屬的樞密院為中心執政

重商主義

- 統一貨幣制度，促進商業活化
- 對抗西班牙，保護國內的毛織物工業
- 設立東印度公司

伊莉莎白一世

Column

海盜船長德瑞克的活躍

德瑞克船長是在歷史上著名的格瑞福蘭海戰中活躍的海盜首領，全名為法蘭西斯·德瑞克（Sir Francis Drake），在不知不覺間，他也成為真正的貴族。

然而，讓燃燒中的船隻朝著停泊中的西班牙無敵艦隊前進，進行擾亂，若不是海盜的話根本就無法想到這種戰法。因為他的大顯身手，讓伊莉莎白一世授與他勳章，榮獲貴族稱號。

儘管英格蘭在主宰世界海域的決定性戰役中成為勝利者，但在此之後西班牙狀態回復，持續與英格蘭互相競爭。英國要制霸世界的海域還需要一些時間。

外野席 **伊莉莎白一世曾是海盜的首領**　在英格蘭伊莉莎白一世的時代，有一種能在許可下進行海盜行為的「私掠船」，特別是襲擊、掠奪與新大陸交易的西班牙船隻。知名的德瑞克船長掠奪約60萬英鎊的財富，而英國女王則收到了分紅。德瑞克船長也因此晉升貴族。

曾被稱為「丐軍」──喀爾文主義者的國度誕生

以經濟力作為發條，從西班牙獨立的舊教徒之國。

1568年～
荷蘭
新教徒的獨立戰爭

與義大利文藝復興共同開花結果的**尼德蘭從中世紀以來，藉著毛織物工業與中繼貿易進行發展**。主張在工作中勤勉努力是上帝之意的神學家喀爾文（Jean Calvin），其教義受到北部區域被稱為「丐軍」（乞食的意思，Geuzen）的眾多勞動工業者給欣然接受。

話說回來，這個土地本來是哈普斯堡（Habsburg）家族的領地，一五五六年由西班牙國王菲利普二世（Felipe II de España）繼承。然而，**菲利普二世不只下令民眾強行改宗為天主教，更因為課徵重稅、剝奪自治權與特權的種種行徑，最終丐軍於一五六八年，決定發起獨立戰爭**。

雖然南部十州（現在的比利時）也很快地加入獨立戰爭，卻因為天主教徒眾多，導致半途而廢。尼德蘭的北部七州與烏特勒支（Utrecht）結成同盟，並在一五八一年作為荷蘭共和國獨立。也因為其中心為荷蘭（Holland）地區，因而開始被稱作荷蘭。

荷蘭受到法國與英格蘭的支援，設立了東印度公司，並負責經營亞洲貿易與印尼爪哇島等地的殖民地。接著，雖然有些遲了，他們也開始增強艦隊，正式踏入貿易與殖民地的經營。

不久，西班牙所率領、被稱作無敵艦隊的海軍在與英格蘭的決戰中（格瑞福蘭海戰）徹底完敗，並從此愈發衰敗。接著在和平的機運降臨之時，荷蘭與西班牙簽訂休戰協定，成為實際上真正的獨立國家。國際上也隨著西發里亞和約（Peace of Westphalia）承認其獨立，新興國家荷蘭就此誕生了。

這是發生於一六四八年的事情。

荷蘭的誕生

1581年 新教派諸侯奧蘭治公國的威廉一世（Willem I），發布荷蘭獨立宣言

1609年 事實上的獨立

儘管被認為是宗教戰爭，但具有龐大勢力的西班牙哈普斯堡家族對上英格蘭，可以說也同時具有政治方面的較勁意味。

Column 獨立戰爭的主角——丐軍的意義

若是將丐軍翻譯為乞食的意思並對此表示贊同的話是不行的。的確，丐軍是源於批判西班牙宗教政策的下級貴族所集結成的「乞食黨派」，但也並非這麼簡單。

荷蘭語：Geuzen，不小心會將發音讀作「go・i・sen」，但是正確的讀法應為「he-zen」，德語發音讀作「go・i・zen」是帶有口音的讀法。這是因為其是由多語言國家、宗教與民族，像是馬賽克的小塊磁磚般所堆砌組成的區域，如同大雜燴的狀態。

然而，也可以在以林布蘭（Rembrandt Harmenszoon van Rijn）為首的畫家們的作品中確認到自由市民臉上的光輝。

外野席 **語言、宗教、民族呈現馬賽克狀** 在舊有的低地諸國裡面沒有參與獨立戰爭的是現在的比利時與盧森堡。在比利時，是以使用凱爾特語族（Celtic languages）的瓦隆語（法語）並以天主教占多數派的南部地區，與使用日耳曼語族的佛拉蒙語（荷蘭語）的北部作為分界。而以荷蘭身分獨立的北部七州，則是因為有來自南部移居的新教徒而熱鬧起來。

日本原可成為亞洲唯一的君主專制國家？

稱霸東亞市場：日本商團的繁榮與興盛。

16世紀
日本　織豐政權

如果你跟日本人說：「日本近代史其實並非從明治維新算起，而是始於織豐時代[1]。」對方肯定會大吃一驚。但其實，就世界史的角度來看，**織豐政權與西歐的專制政權（國王）相同，都是以重商主義為基本政策的專制主義國家。**

該時代的先驅織田信長從小就喜歡惹事生非，大家都將他稱作「大傻瓜」。尾張國數一數二的內陸港——津島是他從小到大的遊樂場，該地為伊勢灣的貿易要衝，也是繁盛的商城。而這位渾然天成的商人大名，最後一躍晉升為日本的專制王者。

長大後，信長發揮從小學到的本領，推出以「樂市樂座」為首的重商主義政策，重用泉州堺、筑前博多等自治都市，促進各式商品的生產與流通。**他之所以想要統一天下，除了要終結封建割據、建立統一政權，也為了打造全國流通的市場。**

信長敗於本能寺之變時，手上的領地有近畿、東海、北陸、中部、中國各地等二十五國，相當於一千五百萬石[2]。驍勇善戰的武田信玄、上山謙信等人，一輩子也只打下四、五國，遠遠比不上信長。令人驚訝的是，當時信長已建立現代的軍事組織制度——「方面軍體制[3]」。

柴田勝家、羽柴秀吉、明智光秀、德川家康等人雖是信長手下武將，但信長並未將領地分給他們，而是讓他們擔任領地的地方官。秀吉接替信長之位後，並未推出什麼超乎預期的新奇政策，大多都是沿用信長的做法，以追求政治上的安定並收拾殘局。**信長、秀吉這兩位專制王者，成功將封建大名的統治從「土地」轉換為商品與資本的「流通」。**

譯註
1：安土桃山時代的別稱，指織田信長與豐臣秀吉稱霸日本的時代，即一五六八年至一六〇三年間。
2：日本古時用來表示土地生產力的單位。
3：類似軍隊建制中的軍團。

織田信長統一天下的主要政策

4：「樂市」即免除商業稅，「樂座」則是解散享有特權的商業組織。

5：收取通行費的機關。

Column

商人的特殊文化 町眾──都市文化

信長稱霸的時代，商品經濟迅速起飛，都市和農村的市場、神社和寺廟附近的廟街無不人聲鼎沸。泉州堺、築前博多等外貿港口，以及攝津平野、伊勢桑名、大湊、羽後久田等自治都市，也因此而聲名大噪。

商人專屬的特殊文化也從中而生。茶聖千利休所集大成的茶道，就是把港區商人的構思加以精煉，將茶室的結構、庭園、成套茶具、插花、軸畫、焚香、泡茶方法等所有要素彙整而成。

以前都是大名追隨商人之後，隨著信長的掌權，這樣的關係出現大逆轉。茶道成了統一天下的手段，商人也改為居於大名之下。

因朝貢交易而壯大的琉球王朝　朝貢交易是中華思想的產物，也是以鎖國政策為前提的國家管理型貿易。當初足利義滿自稱日本國王，與中國明朝進行的「勘合貿易」就是一個經典的例子。而比明日貿易更成功的，當屬琉球王朝的「中繼貿易」了。葡萄牙人早在登陸種子島之前，就已跟琉球商人在馬六甲進行交易──這件事早已是人盡皆知的祕密。

幕府的重農抑商政策：抑制外國貿易，阻斷國內市場

戰國時代結束後，家康開始抑制商業發展。

17 世紀初～
日本　德川幕府

慶長五年（一六〇〇年）的關原之戰結束後，德川家康取得政權，成為實際上的天下霸主，並以征夷大將軍的身分於江戶（東京的前身）設立「幕府」。然而，這支政權並未完全統治全日本的大名諸侯，與織豐政權所追求的君主專制國家是不同的。

織豐政權追求的君主專制是以重商為基本國策，非常重視商業與商人。然而，家康卻視商業為禍亂世間、有違尊卑倫理的動亂根源，因而改以農業立國，抑制商業發展。其實這也是情有可原，畢竟家康自小就飽受戰國的戰亂之苦，所以才會以「絕對的和平」作為根本策略。

再者，家康刻意將幕府設在東國江戶，就是想要顯示自己東國武士團子孫的身分，奉源賴朝、武田信玄為圭臬，藉此與信長、秀吉做出區別。也因為這個原因，他才會刻意藐視商業、推崇農業。

在這樣的政策下，**幕府的經濟問題開始浮上檯面，出現慢性的財政崩潰。**歷代幕府將軍多次推動財政改革，但都因為沒有跳脫家康的農本主義框架、考慮不周又缺乏計畫性，以至於效果不彰。直到田沼意次推行較為積極的重商改革，才令人眼睛一亮。

這段期間，**歐洲經歷了大航海時代，英國、荷蘭、法國等國皆轉變為君主專制國家，全力發展貿易與開發殖民地，以雷霆之勢從非洲擴張到美洲和亞洲，**國力節節上升，甚至超越了日本。日本就在這樣逐漸拉開的落差中，結束了幕府時代。

幕府因實施鎖國政策而淪為井底之蛙，完全不知道世界上竟發生了這麼大的變化。直到日本東山再起後才再度躋身先進國家之列。

江戶幕府的年譜與經濟政策

1720	1730	1740	1750	1760	1770	1780	1790	1800	1810	1820	1830	1840	1850	1860	1867
享保		元文	寬延	寶曆	明和	安永	寬政		文化	文政	天保		嘉永	萬延	慶應

1732 享保大饑荒

享保改革（德川吉宗）

- 儉約令
- 上米制
- 編撰《公事方御定書》（法典）
- 開發新田
- 足高制（補助賢才）
- 定免法（制定固定的年貢繳納量）

田沼（意次）時代

- 允許成立同行公會
- 設立「座」供幕府專賣
- 圍海造田．開發新田
- 發行有固定面額的貨幣

1782～87 天明大饑荒

寬政改革（松平定信）

- 糧倉囤米制
- 七分積金
- 人足寄場（勞改設施）
- 限制色情行業與思想
- 農民返鄉令
- 棄捐令（免除旗本、御家人之債務）
- 禁止教授異學（以朱子學為正統）

1833～39 天保大饑荒

1837 大塩之亂

天保改革（水野忠邦）

- 人返令（增加農村人口）
- 儉約令
- 解散同行公會
- 上知令（土地國有化、中央集權）

Column

吉宗與意次，誰才是真正的「大人物」？

德川第八代將軍吉宗享有「幕府中興之祖」的美名。許多電視劇都將他捧為英雄，在電視劇《大岡越前》、《江戶救火隊》中以配角登場，在日本民眾心中坐擁超高人氣。相反地，田沼意次卻被大家罵成臭頭，謔稱他是「賄賂哥」。

但歷史真相究竟是如何呢？吉宗出身紀州德川家，本來只是地方主公，最後竟成了幕府大將軍——這樣的際遇實在有點難以置信。另一方面，田沼則是認真盡責，每天披星戴月，忙到深夜才回家。

一個「懂蹭」的男人，在人際關係上自然也是八面玲瓏、面面俱到；而正經嚴肅的男人則容易招妒惹恨。但真相究竟如何，又有誰知道呢？

外野席 **靠朱印船貿易大放異彩的日本商團**　德川家康就任征夷大將軍後，曾寫過親善信函給周邊諸國。有別於秀吉的風格，家康並未在信中出言恐嚇，而是向諸國打招呼、拜碼頭，告知以後可能會有日本的朱印船到訪。之後的三十幾年，朱印船共出航了超過四百次，擴大了日本的貿易版圖，帶動交易商機，在東南亞各國的港口甚至還設有「日本街」。

太陽王路易十四的藍圖：建設法國為君主專制國家

徹底集中權力：修建凡爾賽宮，實施重商主義。

1643年～
法國　路易十四

法國的君主專制基礎是由亨利四世（Henri IV）所奠立，確立於路易十三（Louis XIII）之手，並在路易十四（Louis XIV）之時達到巔峰。要了解這段歷史，你必須認識以下三個人物。

第一位是法王亨利四世的宰相——**黎希留**（Richelieu）。自法國宗教戰爭爆發後，他設法讓對立的天主教和新教互相融合，並成功與西班牙和解。路易十三掌政時，黎希留停止召開三級議會等階級制議會。這些舉動鞏固並強化了王政制度。

第二位則是黎希留所提拔的**馬薩林**（Jules Mazarin）。馬薩林出身義大利，本是羅馬教廷的外交官，後來入籍法國。黎希留去世後，馬薩林接任成為路易十三的宰相，並在路易十四繼位後擔任首席顧問，於政壇大放異彩。他終結了三十年戰爭，平定國內貴族的投石黨動亂（Fronde），成功整頓國內秩序。

第三位是柯爾貝（Jean-Baptiste Colbert）。有趣的是，柯爾貝是馬薩林舉薦給路易十四的財政大臣。他推行典型的重商主義政策，保護法國國內產業、鼓勵出口，成為「太陽王」路易十四全盛時期的支柱。除了以往的地毯、戈布蘭掛毯，還興辦了兵器、玻璃、陶器等產業。

也因為這個原因，社會上開始以「柯爾貝主義」一詞稱呼重商主義。若說到柯爾貝畢生最大功績，那就是修建凡爾賽宮（Palace of Versailles）了。在專制王政不斷強化之下，凡爾賽宮聚集所有國家功能於一身，除了是國家的核心機關，更具備十足的象徵性。

之後國際環境發生了很大的改變，不但神聖羅馬帝國解散，西班牙帝國也逐漸沒落。**對較晚出航占領殖民地的法國而言，荷蘭和英國才是他們的頭號對手。**

法國絕對王政的主角介紹

法國國王 亨利四世

1553～1610年

發布《南特詔令》（Edict of Nantes），終止戰亂為專制王政建立基礎。

宰相 黎希留

1585～1642年

抑制胡格諾派（Huguenot）的政治力量，助長君主專制的發展。

法國國王 路易十三

1601～1643年

透過停止召開三級議會等政策，確立專制王政。

宰相 馬薩林

1602～1661年

平定投石黨動亂，掃清反國王勢力。

法國國王 路易十四

1638～1715年

憑藉君權神授的觀念走向親政之路，修建凡爾賽宮，開創君主專制的全盛時期。

財政大臣 柯爾貝

1619～1683年

保護並興辦法國國內產業，重建東印度公司，以重商主義政策輔佐專制王政。

Column

修建凡爾賽宮：路易十四一輩子的夢想

歷代法國國王大多住在楓丹白露宮（Palace of Fontainebleau）或是羅浮宮，路易十四即位後，接連換了好幾個宮殿。但不知道為什麼，他特別喜歡凡爾賽這個地方，因而想在該地建造一座大型宮殿。

凡爾賽當地本來只有一些小城堡，路易十四花了超過十年的時間，將之修建成雄壯巍峨、金碧輝煌的王宮，並於一六八二年入住。之後王宮完全成了政府機關，凡爾賽宮就有如法國的榮光一般，持續閃耀著。

自宮廷成為國王的生活環境後，貴族的地位便出現很大的改變。他們就如路易十四所策劃的一般，變成了宮廷貴族，成為國王之僕。

外野席 **典型的重商主義者——柯爾貝** 曾活躍於法國政壇，是太陽王路易十四的心腹。我們可以將他視作黎希留、馬薩林的徒弟，這兩位宰相相繼輔佐了亨利四世、路易十三兩位國王，締造了波旁王朝（Bourbon Dynasty）。柯爾貝則致力於保護並興辦法國國內產業，推廣工廠手工業。他的政策不但讓法國迎頭趕上荷蘭與英國，還鞏固了路易十四的執政基盤。

德意志於東方殖民所締造出的貴族地主軍事國家

繼承條頓騎士團傳統的容克（貴族地主）之國。

1701年～
普魯士王國

長期以歐洲北部為據點君臨天下的神聖羅馬帝國，於一六四八年以《西發里亞和約》（Peace of Westphalia）終結了三十年戰爭後，帝國已是名存實亡，國際上皆已承認瑞士和荷蘭是獨立國家。

在這樣的大環境中，普魯士王國驟然崛起，成為備受矚目的國家。這個國家是如何成立的呢？**在十字軍的全盛時期，條頓騎士團自聖地耶路撒冷返回後，加入了東方殖民軍隊，並開發了一塊領地。他們於一五二五年向霍亨倫索家族（Hohenzollern）請立君主，成立了普魯士公國。**

之後幾經變遷，一七〇一年於西班牙爆發了王位繼承戰爭。普魯士公國原本隸屬於天主教陣營，之後加入了雖衰猶存的神聖羅馬皇帝陣營。**在腓特烈一世（Friedrich I）受封王位後，便將國名改為普魯士王國。**

腓特烈一世的背後有一群傳統貴族地主，這群地主又稱容克（Junker）。他們是普魯士王國的軍官團，團結在一起後成為王權的支柱。這些貴族排斥奢華的宮廷生活，以質樸剛毅為宗旨——這樣的風氣也是普魯士王國的特殊文化。

經歷了天主教和新教的三十年戰爭，德意志早已被戰火摧殘得殘破不堪。普魯士王國因不想重蹈覆轍，所以**並未堅持信奉特定宗教，成為當時世界史上相當罕見的非宗教國家。**或許是因為這個原因，普魯士王國才能順利崛起成為大國。

之後德意志繼承了普魯士王國的傳統和氣質，建立了近代國家德國。就歐洲歷史來看，普魯士王國確實是難得一見的國家。

Column

啟蒙君主專制父子檔：腓特烈·威廉一世與腓特烈大帝

在兩位國王的建設下，普魯士王國才能躋身近代歐洲社會之列。一是有「士兵王」之稱的腓特烈·威廉一世，二是被稱作「腓特烈大帝」的腓特烈二世。

普魯士王國本是農業社會，但因為其對宗教的寬容，吸引了許多法國胡格諾派教徒的移民，導致原本落後的產業急起直追、迅速發展。

此外，腓特烈大帝還是一位啟蒙君主，他不僅邀請法國的啟蒙思想家伏爾泰（Voltaire）到普魯士，還在俄法之間的七年戰爭中穩住陣腳，力抗哈普斯堡家族（Hapsburg）的瑪麗亞·特蕾莎（Maria Theresia），成為人人景仰的軍人國王。

最後他的聲譽甚至超越同為軍人國王的父親，得到「大帝」之美名。

外野席 **弱雞少年如何搖身一變成爲軍人國王？** 腓特烈大帝小時候是個喜歡吹長笛又愛閱讀的哲學男孩。他的父王非常強調尊卑，講究絕對服從，所以經常對腓特烈大帝施暴。有一次，腓特烈大帝帶著親信離家出走，最後被父親抓回王宮，當著他的面處決了親信。這讓腓特烈大帝大受打擊，當場昏厥。這分恥辱讓他意識到自己有多麼不負責任，進而脫胎換骨，改頭換面。

被遺忘的緊鄰歐洲東側及亞洲西側的帝國

由上而下的改革：西歐化之下的「寶座上的革命家」。

俄羅斯
羅曼諾夫王朝

「俄羅斯」這個名字首次出現是在十五世紀末的文獻上。當時他們已完全脫離蒙古帝國的統治，莫斯科大公國的伊凡三世（Ivan III）首次使用「沙皇（皇帝）」這個稱號。

俄羅斯於一六一三年建立羅曼諾夫王朝（Romanov Dynasty）。準確來說，俄羅斯的歷史始於羅曼諾夫王朝的第三代沙皇彼得大帝（Peter the Great）。為改變俄羅斯的落後狀況，彼得大帝由上而下施行西歐化和富國強兵的改革政策，因而獲得「寶座上的革命家」之稱號。

彼得大帝是個身高近兩公尺的彪形大漢，年輕時的他精力過剩，被同父異母的姊姊索非亞（Sophia Alekseyevna）流放到鄉下。那段時期，他每天都以駕船和軍隊遊戲為樂。雖說是「遊戲」，但都是真槍實彈，跟隨真正的軍官接受訓練。

登基後的彼得大帝於一六九七年時，匿名混入了當時的使節團，到西歐學習先進的軍事技術。據說，他還到阿姆斯特丹的東印度公司造船工廠親身實習造船。由此可見，他是一個以身作則、率先垂範的皇帝。

之後，他為了開啟波羅的海通往亞速海（Sea of Azov）、黑海的出海口，不惜與瑞典和鄂圖曼土耳其帝國開戰。在與瑞典打仗時，還曾與丹麥、波蘭等國攜手合作。**彼得大帝在俄羅斯國內實施徵兵制，舉全國之力投入戰爭，並在即將迎來勝利時，以國家級規模建設新都聖彼得堡（Saint Petersburg），藉此宣揚國威。**

此外，彼得大帝也致力於君主專制的改革，強化農奴制度等，施行與近代化背道而馳的政策。

俄羅斯的成立過程

862年
維京人首領留里克（Rurik）兄弟建立諾夫哥羅德王國。

9～13世紀
諾夫哥羅德國王南下，建立基輔羅斯公國（Kievan Rus'）。

13～15世紀
基輔大公國（Principality of Kiev）隸屬於蒙古之下。

1480年
莫斯科大公伊凡三世兼併統一其他諸侯國，成功脫離蒙古獨立，開始使用沙皇這個稱號。

1581年
哥薩克（Cossacks）首領葉爾馬克（Ermak Timofeevich）遠征西伯利亞。

1613年
邁克爾．羅曼諾夫當選俄羅斯皇帝。成為延續至一九一七年的羅曼諾夫王朝始祖。

1689年
彼得一世與清朝簽訂《尼布楚條約》（Treaty of Nerchinsk），劃分雙方的國境邊界。

1700～1721年
與丹麥、波蘭、普魯士結盟，與瑞典展開大北方戰爭。

1727年
簽訂《恰克圖界約》（Treaty of Kyakhta），改善《尼布楚條約》中的不利處境。

彼得一世

Column

崇洋媚外的彼得大帝

彼得大帝有個奇怪的習慣，他到西歐視察回國後便改穿西歐式服裝，不僅如此，還命令俄羅斯貴族剪掉傳統長鬚，不從者就強迫課徵「鬍鬚稅」。

一七〇二年，一個名叫傳平的日本人漂流到莫斯科，彼得大帝竟要求傳平學會俄語後教他日文。可見他對外來文化是多麼地情有獨鍾。

或許是因為這個原因，俄羅斯雖然成功走上近代化之路，卻沒有任何本土文化外傳他國。

外野席　**高貴典雅的葉卡捷琳娜宮**　葉卡捷琳娜宮（Catherine Palace）是俄羅斯沙皇的夏宮，也是與情婦們男歡女愛的別宮。其名字源自彼得大帝的皇后，同時也是第二代沙皇的葉卡捷琳娜一世（Catherine I）。這座宮殿與其說是金碧輝煌，更適合用「高貴典雅」來形容，其中又以「琥珀屋」最為有名。整座宮殿充滿了高雅的美感，不難猜測應該是葉卡捷琳娜的品味。該宮殿離聖彼得堡並不遠，非常推薦大家前往參觀。

透過機械開啟大量生產與大量輸送的新時代

資本主義社會：工廠機械工業所帶來的急速發展。

18世紀後半葉
英國　工業革命

十八世紀後半葉，隨著機器問世，英國的工廠手工業出現了一百八十度大轉變。人們發明出用蒸汽驅動機器的動力機，因而掀起了一場大型革命。之後工廠開始大量生產，其生產速度完全超乎前人想像。

最先引進機器的是製棉業，之後機械工業、鐵工業、煤炭業也紛紛跟進，再擴大至鐵路和船舶，大大改變了社會樣貌。**而這一連串因為技術革新而產生的連鎖反應與社會變化，就稱作工業革命。**

事實上，早在工業革命之前，英國就已發展成資本主義社會。工業革命之後，資本主義的形式更加確立，**社會的基礎也正式從農業轉為工業**。在這樣的情況下，人們的生活模式跟之前有如天壤之別，人口開始集中於都市，進而接連出現曼徹斯特（Manchester）、伯明罕（Birmingham）、利物浦（Liverpool）等工業都市。

農村則如火如荼地展開「圈地運動」。領主和地主將佃農趕出農地、建蓋柵欄，改為飼養大量綿羊，並將羊毛賣給棉工業者作為原料。圈地運動等同是在破壞農村，被強行驅離的佃農們無家可歸，最後只能改當勞工，成為工業革命的挑夫。

英國的煤炭、鐵等資源本就相當豐富，這讓他們在工業革命後一躍成為「世界工廠」，獨占全球鰲頭。重商主義時期，英國創立殖民公司是為了進口奢侈品；**而在工業革命後，英國開發殖民地則是為了在企業的自由競爭下取得低價原料，並壟斷銷售市場。**

印度、中國（清朝）、北美、非洲都成了他們的開發目標，這些國家、地區也因此出現驚天動地的變化。

英國工業革命的因果發展

豐富的資本

民間貿易公司透過殖民與交易取得龐大的利益

充足的勞動力

地主強推圈地運動，佃農淪為無產階級

大量的天然資源

英國本就盛產煤炭和鐵等礦物資源

技術開發競爭

蒸汽機等各種發明接連問世

工業革命

形成勞資階級

孕育出日後的勞工運動和社會主義運動

建立工廠機械工業 形成工業都市

勞工集中於都市，導致都市人口過剩

交通工具的進步

隨著蒸汽火車、蒸汽船等交通工具問世，英國躍升成為「世界工廠」

Column

工業革命的擴張：從英國到全世界

英國成為世界工廠以後，幾乎獨占了全球財富。然而，一八二五年機器出口解禁後，工業革命正式擴張到歐洲各國，形成一場國際競賽。

比利時憑藉著豐富的鐵與煤炭資源，率先在國內推動工業革命。然而，這麼做卻反而讓法國推行高關稅政策來對抗英國，導致比利時的工業革命無疾而終。

當中也有國家以本國資本投入重化學工業，像是德國、美國、日本等。事實上，從輕工業起步才是最妥當的政策，但這些國家卻選擇從最為費時費力的重工業著手。

這些措施並非自由競爭，而是國家主導的發展政策。

外野席 **工業革命的推手：蒸汽機**　蒸汽機的發明與使用，在英國工業革命中擔任了相當重要的角色。它是工業革命的動力，也是整體發展的推手。起初，蒸汽機是用來幫炭坑排水的驅動機器，後來才使用在紡織上，甚至開發出汽車與汽船。這一連串作業上的改變，最後引發了社會革命。

北美十三州的獨立宣言——「無代表，不納稅」

人民的吶喊：追求信仰自由、自由貿易與開墾拓荒。

1776年
美國　獨立戰爭

十七世紀初到十八世紀中葉，英國耗費了百餘年的時間，開拓在北美東部成立的十三個殖民地區。這段時間移居此地的，大多都是追求信仰自由的清教徒（Puritan），又或是想透過貿易與開墾致富的移民。

十三殖民地的人仿效英國的議會政治，在當地開設殖民地議會，打算以自治式的社會制度來維持秩序。然而，英國本土卻不願讓他們發展屬於自己的工商業，要求以英國的利益為優先，因而多次引發衝突。

決戰時刻終將來臨。一七五六年，英國本土單方面地公布了《印花稅法》（Stamp Act 1765），殖民地議會則不願順從，主張「無代表，不納稅」（因英國議會中沒有十三殖民地的代表，所以不承認其通過的稅法）。一七七三年，英國本土給予東印度公司特權，讓他們得以在零關稅條件下往美洲進口茶葉。這導致美洲的進口商憤而群起，燒毀了駛入波士頓港的東印度公司商船。

此次事件後，雙方的對立逐漸白熱化。一七七五年，於萊辛頓（Lexington）爆發了武力衝突，**殖民地陣營在總司令喬治・華盛頓（George Washington）的率領下成立獨立軍，並於隔年七月發表由湯馬斯・傑弗遜（Thomas Jefferson）所起草的《美國獨立宣言》**（United States Declaration of Independence）。

為對抗英國，法國、西班牙都為獨立軍撐腰，讓獨立軍位居上風。一七八一年，獨立軍於約克鎮戰役中取得勝利，接著**在一九八三年於巴黎與英國簽訂和談條約，成功建立美利堅合眾國**，該次和談也確定將密西西比河以東的路易斯安那（Louisiana）收入美國國土。

英國的重商主義政策與美方的反抗

1765年

英

英方公布《印花稅法》

美

殖民地議會決議「無代表，不納稅」

1773年

英

英方公布《茶稅法》（Tea Act）

美

殖民地的反對人士發起「波士頓茶葉黨事件」

1775年

英

英方關閉波士頓港

美

殖民地的派區克．亨利（Patrick Henry）於演說中表示：「不自由，毋寧死！」

1775年

美

於康科德（Concord）爆發武力衝突

萊辛頓戰役點燃獨立戰爭烽火

1776年

美

湯馬士．潘恩（Thomas Paine）出版《常識》（Common Sense）
湯馬士．傑弗遜發表《美國獨立宣言》

1783年

《巴黎條約》（Treaty of Paris）
正式承認美國獨立

華盛頓

Column 沒有中央政府的鬆散聯合體——美國

美國剛獨立時，正式國名為「美利堅合眾國」。正如國名所示，他們沒有中央政府，是個相當鬆散的聯合體，透過由各州選出代表參與協議，來支撐國家運作。

獨立四年後，美國於一七八七年制定《美利堅合眾國憲法》（Constitution of the United States of America），宣布三權分立——由總統領導政府行使行政權、參議院和眾議院行使立法權，最高法院行使司法權。

全場一致支持獨立戰爭的偉大領袖——華盛頓擔任第一任總統。歐洲社會也接受了這個象徵近代世界的新興國家領袖，美國很快便成為歐洲的一員。

外野席 **為什麼美國人這麼喜歡喝咖啡？** 北美的英國殖民者原本承襲了英國愛喝紅茶的習慣。然而，在咖啡進口競爭中輸給了荷蘭與法國的英方，竟壟斷紅茶市場並課以重稅。此舉惹怒了殖民地區的人民，他們襲擊英國商船，將茶葉盡數倒入海中。這次事件後，殖民地的人便轉為「咖啡派」。

54 葬送波旁王朝的劊子手——巴黎民眾的革命思想

「第三等級」的怨氣：與改革風氣背道而馳的舊制度。

1789年
法國大革命

繼美國獨立戰爭後，法國也爆發了一件歷史留名的重大事件。

一七八九年，**路易十六（Louis XVI）為拯救危如累卵的法國財政，打算對特權階層徵收新稅。**為此，貴族們要求重啟自一六一四年起便停辦的「三級議會」。而這一切，便是法國大革命的開端。

決定召開議會後，第一等級的神職人員和第二等級的貴族各派出三百名代表到凡爾賽，第三等級的一般公民則派出六百名代表。雙方因議決方式而爆發衝突，之後**第三等級宣布自己才是「真正能代表國民的人」，並組成「國民議會」，誓言不制憲就絕不解散**（網球場宣言）。

對此，**路易十六決定用武力予以驅逐，進而引發巴黎市民起義。**他們組成市民軍抵抗王軍，攻占象徵「壓迫」的巴士底監獄（Bastille）。在市民軍的支持下，國民議會通過了《人權宣言》，廢除封建身分制度。

很快地，他們著手分割封建領土，讓法國升格為近代國家，像是**重新劃分全國的行政區、沒收教會財產、廢除行會、開放自由經濟活動、統一度量衡**……等。

然而，隨著這股革命之火愈燒愈烈，使得激進派因此占得上風。一七九二年十二月，他們宣布採行共和制，處決路易十六和瑪麗皇后（Marie Antoinette），並開始追殺同為革命黨的人士。羅伯斯比（Maximilien Robespierre）等雅各賓黨（Jacobins）為掌握獨裁權力，將政敵接連送上斷頭台。

最後你猜猜這些人發生了什麼事？當然是自取滅亡，同樣在斷頭台上丟了性命。

革命的流程與三級議會

5月5日 為審議路易十六推行的不當稅制，召開睽違175年的三級議會。

6月17日 第三等級代表脫離三級議會，宣布組成國民議會。

第一等級也於6月19日加入其陣營

6月20日 未受認可的國民議會議員，於網球場宣誓不制憲就不解散。

7月14日 市民攻破專門收監政治犯的巴士底監獄

8月26日 國民議會於6月27日獲得承認，並於8月26日通過《人權宣言》。

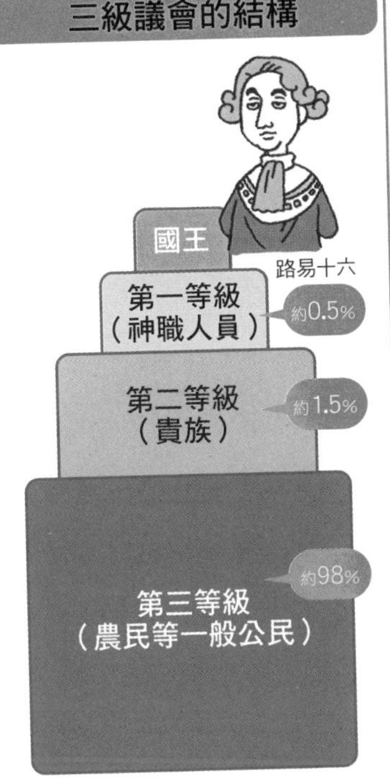

※特權階級猶如王權的寄生蟲，榨取各種好處，像是免除賦稅、霸占官職、操縱人民……等。

Column 遺留至今的法國大革命紀念物

法國大革命對後世的影響有如驚濤駭浪。法國國歌《馬賽進行曲》（La Marseillaise）就是當時馬賽義勇軍進軍巴黎時沿路高唱的軍歌，歌詞中公然唱道：「拿起武器！公民們！」

此外，如今世界共通的度量衡系統──「公制」（Meter）也是法國大革命的產物。公制是基於宇宙與自然的大法則訂製而成，這套系統超越人為範疇，是以客觀真理將大自然法則標準化後的產物。

公制（長度）、克（重量）、秒（時間）等十進法單位，後來被訂為國際條約使用的單位，成為國際上的基準。

外野席 **每個法國人都是革命家？** 當仔細聆聽法國國歌你會發現，歌詞內容其實非常嚇人。而且血腥暴力的歌詞不是只有一句，幾乎從頭到尾都是。尤其是「拿起武器，公民們，排好你們的隊伍！進軍，進軍！讓不潔之血灌溉我們的壕溝！」這一段，更是讓人膽戰心驚。

率領革命軍（國民軍）的新時代英雄——拿破崙

當革命淪為恐怖政治，人民便會期待「英雄」的到來。

1799年～
法國
拿破崙戰爭

在羅伯斯比所代表的激進派——雅各賓黨取得獨裁權力後，開始以「肅清反革命人士」的名義施行恐怖政治，並在政權內部尋找「政敵」。肅清掉埃貝爾（Jacques Hébert）、丹東（Georges Danton）等人後，羅伯斯比自己也惹怒了市民，最後遭到逮捕處決。

羅伯斯比死後，法國有如一艘失去了舵手的大船，雖然設立了立法和行政機關卻毫無所為。就在這時，有個男人玉樹臨風地登場了，那就是炮兵團出身的年輕軍官——**拿破崙．波拿巴**（Napoléon Bonaparte）。他被督政府任命為革命軍軍官後，便勢如破竹、百戰百勝。

一七九六年，督政府任命拿破崙為義大利軍團總司令，他果然不負眾望，擊退人多勢眾的奧地利與薩丁尼亞盟軍。一七九八年，為阻絕英國和印度的路上連線，拿破崙遠征埃及，但在英國組成反法聯盟後便果斷退兵。回到法國後，**他發起霧月政變，推翻督政府，建立執政府（三人執政府及立法院）**。

拿破崙的勇猛果決對情感豐富的法國人民相當具有魅力，也因而贏得國民極大的信賴。**他接連與奧地利、羅馬教皇和解，制定《拿破崙法典》，確立生活秩序**。在一連串作為後，拿破崙終於獲得喘息空間，也乘著這波威望登基成為法國皇帝。

雖然拿破崙在外敗給了納爾遜（Horatio Nelson）將軍所率領的英國海軍，但他在奧斯特里茲（Austerlitz）的「三皇會戰」中成功擊敗奧俄聯軍，又與西南德意志諸國組成萊茵聯盟，進而造成神聖羅馬帝國的消亡。之後他更大敗普魯士與德意志的聯軍，獲取廣大的領土與賠款。

拿破崙的威望與榮光也隨之達到巔峰。

拿破崙的一生

1769年 出生於科西嘉島（Corsica）
1793年 於土倫港之役中因戰功受封
1795年 **鎮壓**保王黨動亂
1795年 組成第一次反法聯盟
1798年 **出兵**遠征埃及
1799年 組成第二次反法聯盟
1799年 霧月政變**成功**，**建立**執政府**（擔任第一執政）**
1802年 在**國民**投票中成為終身執政
1804年 **制定**《拿破崙法典》
1804年 **透過國民投票當選**皇帝
1805年 第三次反法聯盟結成
1812年 出兵遠征俄國
1813年 組成第三次反法聯盟
1814年 退位
1815年 **於**滑鐵盧戰役**中戰敗**
1821年 死於聖赫勒拿島（Saint Helena）

Column

遠征的意外收穫——羅塞塔石碑

拿破崙遠征埃及期間，在亞歷山大港（Alexandria）建蓋堡壘時，挖出了一塊神奇的石碑。後來才發現，這塊石碑竟是紀元前二世紀埃及托勒密王朝（Ptolemaic dynasty）的遺物。

該石碑分為上下三段，每一段都刻有不同文字。根據法國埃及學家商博良（Jean-François Champollion）的解讀，上段為神聖文字（聖書體），中段為民生文字（世俗體），下段則是希臘文。

法軍向英軍投降後，這塊石碑便成為英軍的戰利品，目前則是大英博物館的館藏。

外野席 **我的字典裡沒有不可能**　這句話真的出自拿破崙之口嗎？很遺憾，筆者在查閱了很多文獻後還是查無出處。這句話意譯自法文「Impossible n'est pas fracais」，原文是「法語裡沒有『不可能』這個詞」，又或是「『不可能』這個詞不是法國的風格」。

56 「會議沒有在進行，而是在跳舞」——拿破崙戰爭的善後會議

後拿破崙時代：梅特涅所主導的善後會議。

1814年～
維也納會議
歐洲重整

拿破崙使得法國大革命的戰火綿延至整個傳統歐洲，他手舉自由主義、國民主義的火把，所到之處皆為之燃燒殆盡。在這樣的情況下，建立新秩序並非一件簡單的工作。

一八一四年，諸國為重建歐洲舉辦了維也納會議。本次會議由奧地利外交官梅特涅（Klemens von Metternich）主持，討論則基於法國外交官塔列朗（Charles Maurice de Talleyrand-Périgord）所主張的正統主義（肯定革命前的政體與國界）進行，並維持各國勢力均衡。

與會各國彼此之間的利益糾葛相當複雜，再加上中途拿破崙還一度復出（百日王朝），導致會議一直無法討論出結果。這些人因此在華爾滋的發源地奧地利停留了好一段時間，甚至遭人譏諷「會議沒有在進行，而是在跳舞」。

雖然幾經波折，但最後維也納會議還是做出了決議——**讓普魯士起死回生，而且領土比以前更大；英國分到原屬荷蘭的斯里蘭卡、開普（Cape）兩個殖民地，荷蘭拿到原屬奧地利的低地國（比利時）；奧地利則取得北義大利**。

其他還有幾件值得注目的會議結果，像是**瑞士成為永久中立國，以及批准奧地利、普魯士以下的數個君主國和自治都市國家組成獨立國的聯合體——德意志聯邦**。這麼一來，現代歐洲社會就幾乎成形了。

然而，維也納會議是以重建秩序為最優先。他們不顧諸國各地的地區特色，將秩序強行恢復原狀，因而在歐洲各地留下了不少革命的火種。

維也納會議

與會國與開會過程

奧地利、法國、英國、俄羅斯、普魯士（鄂圖曼土耳其帝國未參加）等一百多個國家。各國的利害關係彼此對立，導致會議遲遲沒有進展。最後簽訂《維也納公約》。

召開目的

由奧地利外交官梅特涅主持，對法國皇帝拿破崙所引發的歐洲全盤戰爭進行善後。

議定事項

奉行正統主義

讓歐洲社會恢復法國大革命前的絕對主義體制

由大國主導維持國際秩序

奧地利……將南低地國讓給荷蘭，取得北義大利部分領土

法國……恢復舊有領土，波旁王朝復辟

英國……從荷蘭手中取得斯里蘭卡島、開普兩地的殖民權等

幾經波折，最後終於將歐洲成功恢復革命前的秩序

梅特涅

Column 與會國超過百國 轟動一時的維也納會議

維也納會議除了主辦國奧地利，與會的還有法國、英國、俄羅斯、普魯士等一百多個國家（鄂圖曼土耳其帝國未參加）。在這樣的情況下，當然是公說公有理，婆說婆有理，遲遲無法達成共識。

不過，既然最後所有與會國都願意簽署公約，就代表世界上的主要國家都同意這套新秩序。他們彼此侵略競爭，最後統整出一個符合各國實際狀態的新樣貌。

雖然這場會議遭人揶揄「沒有在進行，而是在跳舞」，但對於拿破崙戰爭的善後工作仍是處理得鉅細靡遺，算是相當完善的國際會議。

外野席 **梅特涅的人設** 梅特涅對拿破崙恨之入骨，不惜親手將他送入歷史上的墳墓。這不禁令人好奇，梅特涅究竟是什麼樣的人物呢？拿破崙遠征俄羅斯失敗後，梅特涅便組成反法聯盟，將他逼入絕境。梅特涅厭惡自由主義跟國民主義，希望能盡快恢復革命前的正統王朝與舊有制度。然而，最後他還是敵不過時代的潮流，失勢後逃亡到英國。

歐美列強雷厲風行的殖民統治

強制栽培商業作物：武力統治與基督教戰略。

十九世紀
東南亞　殖民化

進入十九世紀後，**歐美各國便開始彼此競爭，快速擴張殖民地。**

首先，**印尼的爪哇島有大半被納為荷蘭共和國領地**，在荷蘭的直接統轄下，當地人民被強迫種植咖啡、甘蔗、蓼藍等商業作物。

菲律賓則由西班牙統治，西班牙人在每座島嶼的村落中都安插了領導人，監控菲律賓人種植甘蔗、馬尼拉麻、菸草等商業作物。商人和高利貸則不斷搜刮土地，經營大規模種植園。

越南雖然本身有阮朝政府，但阮朝是由法國所召集的義勇兵和私人軍隊建立而成，所以最後還是遭到法國軍事介入，北部甚至直接納入法國統治。十九世紀後半葉，法國將越南北部和**柬埔寨**合併，建立法屬印度支那（French Indochina）。

在這樣的大環境中，英國決定跳過東南亞，以**印度**為據點，擴大對中國清朝的貿易。為此，他們領有馬來半島的檳城、馬六甲、新加坡等地的港口，開拓海峽殖民地，最後終於占領北婆羅洲，將整個馬來半島納入殖民範圍，建立馬來聯邦（Federated Malay States）。

緬甸的貢榜王朝（Konbaung Dynasty）則是因為沒有看清時代潮流，不斷向印度進攻，最後被英國納為印度的殖民地。至於**泰國**，竟沒有被任何國家殖民、始終保持獨立，堪稱亞洲奇蹟！

三大強國的東南亞殖民化

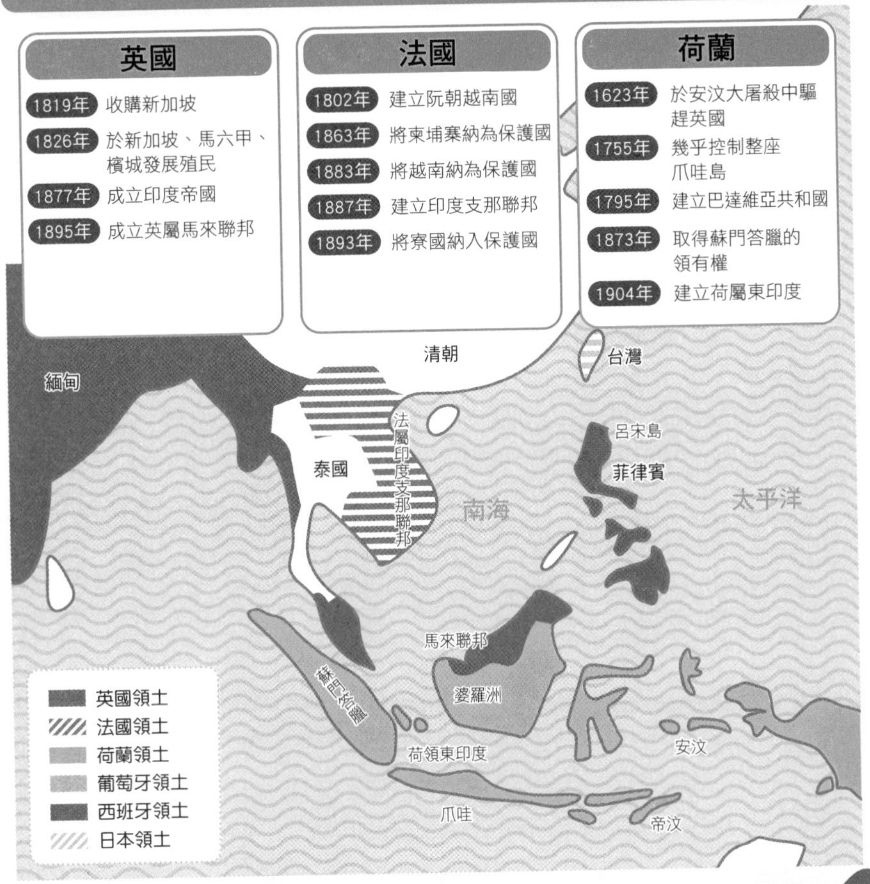
英國
1819年 收購新加坡
1826年 於新加坡、馬六甲、檳城發展殖民
1877年 成立印度帝國
1895年 成立英屬馬來聯邦
法國
1802年 建立阮朝越南國
1863年 將柬埔寨納為保護國
1883年 將越南納為保護國
1887年 建立印度支那聯邦
1893年 將寮國納入保護國
荷蘭
1623年 於安汶大屠殺中驅趕英國
1755年 幾乎控制整座爪哇島
1795年 建立巴達維亞共和國
1873年 取得蘇門答臘的領有權
1904年 建立荷屬東印度
清朝
台灣
緬甸
法屬印度支那聯邦
泰國
呂宋島
菲律賓
南海
太平洋
馬來聯邦
婆羅洲
蘇門答臘
荷領東印度
安汶
爪哇
帝汶
英國領土
法國領土
荷蘭領土
葡萄牙領土
西班牙領土
日本領土

Column

破壞亞洲的禍端——種植園式經營

歐美國家是採「種植園」的方式經營殖民地，投入鉅額資本於廣大農地，大量種植國際上賣價較高的單一農作物。

這種方式打亂了當地人原有的農業模式，破壞他們自古賴以維生的產業，進而陷入極端的貧窮生活。說難聽一點，種植園根本就是一種奴隸式勞動。

而舊日本國則在戰前以「大東亞共榮圈」為口號建設新秩序，隻身對抗歐美諸國聯軍，將他們趕出亞洲、解放亞洲人。

外野席

戴高樂將軍的手記 新加坡被日軍占領的消息傳回歐洲後，當時人在倫敦流亡的法國戴高樂將軍（Charles de Gaulle，後來的法國總統）在日記中寫到：「新加坡的淪陷，代表了長久以來白人殖民主義的終結。」

不識文明落差：清朝的無知與乘人之危的大英帝國

當英國的蒸汽船對上中國的戎克船。

十八世紀末，英國透過向中國購買茶葉送回國內，將本國的棉製品運到印度，再將印度產的鴉片送往中國的「三角貿易」，**從中獲得了龐大的利益**。嚐到甜頭後，英國決定進一步擴大貿易範圍。

然而，清朝是由一種名為「公行」的商人公會壟斷行商權，交易地點又僅限於廣州港，導致英國無法增加出口量，反而是進口量愈來愈多。英國對此心生不滿，便改以走私的方式向中國輸入鴉片。

在走私的盛行下，英國的財務結構大獲改善，中國的鴉片吸食者卻與日俱增。為此，清朝派官員到廣州取締、銷毀鴉片，並全面禁止與英國貿易。

然而，這個舉動卻給了英國東印度公司一個開戰的藉口。一八四〇年，**英國以武力（鴉片戰爭）要求中國開放自由貿易，並持續走私行為**。雖然鴉片會使吸食者淪為廢人，但當時英國的眼中只有自身利益。

兩年後，英國與清朝簽訂《南京條約》，要求**①割讓香港島、②開放上海、廣州、福州、廈門、寧波五個港口、③廢除「公行」**。並在三年後要清朝簽署擴充條約，內容包括讓英國擁有領事裁判權、享有最惠國待遇等不平等條款。

然而，英國並未因此而滿足。

正當英國在考慮下一步該怎麼走時，一八五六年，清朝水師登上英艇亞羅號逮捕中國船員，雙方因而爆發衝突。這次英國與法國一同出兵，一度擊敗清軍後，又因清軍反擊而再次開戰。之後英法聯軍占領北京，其他國家也一同入侵中國。

中國簽署的不平等條約

南京條約

1842年

原因

於1840年～1842年**鴉片戰爭**中戰敗

簽約對象

英國

- 割讓香港島給英國
- 增開廣州、上海、寧波、福州、廈門五個港口
- 廢除公行
- 賠償遭沒收鴉片的費用六百萬兩、賠償戰爭費用一千兩百萬兩

清・道光皇帝

天津條約

1858年

原因

於1856年因**亞羅號事件**所引發的戰爭

簽約對象

英法俄美

- 增開南京、漢口等十個港口
- 允許鴉片貿易
- 賦予外交使節的北京常駐權
- 允許基督教傳教並加以保護
- 賦予外國人到內地旅行的自由
- 賠款六百萬兩

北京條約

1860年

原因

英國於**批准天津條約**時遭到清方阻撓所致

簽約對象

英法俄

＋ 天津條約的擴充合約

- 割讓九龍島南部給英國
- 天津開港
- 割讓烏蘇里江以東給俄羅斯
- 天津條約的賠款金額提高至八百萬兩

大清朝的傲慢與不合時宜

鴉片戰爭戰敗後，清朝政府很輕易便給予英法等歐美國家特權，讓他們在中國沿岸進行交易、於內河航行，開放海關行政、領事裁判權，並允許開設租界。

一般國家是不會給予外國這種特權的，但清朝政府卻認為：「就把這些野蠻的外國事務都交給外國人處理」、「把海關行政交給外國人，他們才不會作怪」

不可思議！這到底是怎麼回事？

我認為這是因為自古以來，中華思想就有輕視外國人的傳統，而這種傳統蒙蔽了他們的雙眼，以至於完全沒有考慮到這麼做會對國民生活造成多大的影響。

這一點倒是跟現代中國共產黨的政府挺像的。

外野席 **讓「紳士國」之名蒙羞的惡劣行為**　舊英國所發動的鴉片戰爭在人道上站不住腳，也難怪習近平與中國共產黨緊咬著這一點不放。當初英國為了賺錢不顧中國人死活，硬要進行鴉片貿易，這讓中國人非常生氣。當然，我並非在為誰辯護，雙方都是五十步笑百步罷了。

傭兵隊起義：印度人對英國的破壞及殖民統治的抵抗

叛亂的擴大：從傭兵延燒到舊王侯、舊地主及農民。

1857年～
印度　民族起義

印度原本是對英國銷售錦織品的出口方，然而在工業革命後，雙方的角色卻互相調換，變成印度向英國出口木棉材料、棉花，再向英國進口棉布的成品和半成品。這造成印度棉工業的衰退，嚴重打亂了印度的傳統社會結構。

再加上，英國在印度強制實施英語教育、英式司法（警察制度）、近代型的土地制度（地租）等，這讓舊制度下的當權者、富人都大受影響，導致**農民、都市居民等所有階級都對英國心生不滿**。

就在這時，**印度人的傭兵隊發生了暴動**。這些傭兵隸屬於東印度公司，他們原本都是上層種姓的印度教徒，又或是上流階級的穆斯林（伊斯蘭教徒）。

為什麼傭兵隊要起義呢？當時東印度公司採用新的來福槍，傳言這種新槍的子彈包裝上使用了牛油和豬油。而印度教徒視牛為神聖之物、穆斯林視豬油為污穢之物，進而引發了大家的不滿。雖然英方否認這個傳言，但傭兵方根本不相信英方的說法，導致駐紮在密拉特（Meerut）的傭兵隊群起暴動，並在和德里的部隊會合後爆發進一步的戰火。

這場起義很快延燒到舊王侯、舊地主、農民、都市居民等各種身分階級，他們擁戴蒙兀兒帝國皇帝巴哈杜爾·沙二世（Bahadur Shah Zafar）為最高領導人。這波戰火以北印度為中心，蔓延了近三分之二的印度土地。然而，這些人有如一盤散沙，在起義到達高潮後，他們發現自己就像一群無頭蒼蠅，於是便鳥獸散了。

之後情勢慢慢出現轉圜，最後由英國取得了勝利。然而，這件事也讓英國明白東印度公司並不適合經營印度，並讓維多利亞女王（Queen Victoria）同時兼任印度女皇。

英國統治印度期間所發生的變化

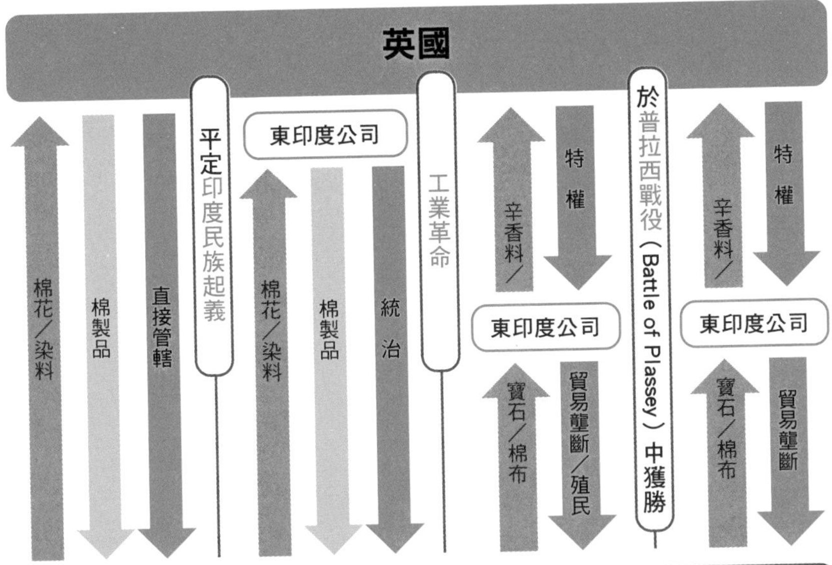

東印度公司解散，成立印度帝國，由英國本土直接管轄

工業革命後發展出自由貿易，東印度公司的貿易壟斷特權遭廢除

英國給予東印度公司貿易壟斷特權與殖民權，加深對印度的侵略

英國給予東印度公司貿易壟斷特權，建立貿易據點

Column 印度民族起義的殘酷結局

俄國畫家瓦希利（Vasily Vereshchagin）曾畫過一幅畫，畫中的叛軍士兵被綁在大砲口上，英軍則準備對他發射木球砲彈，處刑示眾。

接下來會發生什麼事大家可想而知，只要英軍開砲，該名士兵的身體就會立刻四分五裂、散落遍地。之所以當眾處刑，就是為了挫挫叛軍和民眾的銳氣，讓他們失去鬥志。

此外，伊斯蘭與印度教徒將死亡視作神聖的殉教儀式，英軍這麼做，無疑是在褻瀆這些宗教。這就是印度民族起義的殘酷結局，英軍以神之名做這些事，難道是在說基督教就是這樣的宗教嗎？

外野席 **瓦希利所畫的處刑之圖** 1876年到1877年，畫家瓦希利親自走訪英屬印度，將印度民族起義記錄在畫紙上。上面提到的處決圖就是他畫的，在那個照片還未普及的時代，這幅畫呈現出當時最真實的樣貌——英軍將叛軍綁在大砲口，從後發射木球砲彈，殘忍地處決叛軍。

命令至上，耤著堅毅的鐵血政策統一的德意志

普魯士鐵血宰相主導下的君主立憲國。

1861年
俾斯麥統一德意志

一八四八年，德意志在法國二月革命的影響下，召開了法蘭克福國民議會。然而，該議會最後以失敗告終，德意志和平統一的夢想也因此破滅。

一八六一年，普魯士國王威廉一世（Wilhelm I）登基後，於隔年拜貴族地主俾斯麥（Otto von Bismarck）為首相，歷史的齒輪也隨之開始轉動。

俾斯麥不顧議會反對，積極擴張軍備。一八六四年，他與奧地利聯手向丹麥宣戰，拿下什列斯威（Schleswig）和霍爾斯坦公國（Duchy of Holstein）。為了管理這兩個地方，俾斯麥與奧地利反目成仇，並戰勝了奧地利。之後德意志聯邦解體，在排除奧地利後組成北德意志聯邦。

大概是嗅到德意志即將統一的威脅，法國的拿破崙三世（Napoléon III）開始出手干涉德國西南部與法國交接之處，對此俾斯麥亦出兵應戰。一八七〇年雙方爆發戰爭，不一會兒工夫，俾斯麥就在法國色當（Sedan）打敗了拿破崙三世。

在這場戰役中，德意志並非只是一味防守，還奪取了法國的鐵礦資源寶庫——亞爾薩斯（Alsace），並拿到五十億法郎的賠款。不僅如此，他們還進入敵軍的首都巴黎，**在凡爾賽宮舉行威廉一世的加冕儀式，宣布成立德意志帝國。**

俾斯麥在帝國成立後成為宰相，在政壇上呼風喚雨了二十多年。這段德意志歷史俗稱「俾斯麥時代」，表面上是君主立憲國的君王政體，骨子裡卻是**俾斯麥的獨裁掌政**。

以此來看，若要說俾斯麥是德國國父也不為過。

德意志帝國的建立過程

還不快召集人手！我要在凡爾賽宮舉行加冕儀式！

俾斯麥

威廉一世

拿破崙底下的傀儡國家、萊茵聯盟

1815年	維也納會議決定由三十五個君主國、四個自治都市組成德意志聯邦
1834年	以普魯士為中心組成經濟聯合體——德意志關稅聯盟
1848年	平定維也納和柏林的暴動（三月革命）
1861年	普魯士國王威廉一世登基，隔年拜俾斯麥出任首相
1867年	以普魯士為中心，成立國家聯合體——北德意志聯邦
1871年	成立德意志帝國。威廉一世成為皇帝，俾斯麥成為宰相，進入「俾斯麥時代」

Column

令馬克斯又驚又喜的巴黎公社

拿破崙三世退位後，巴黎的國民防衛政府雖然力抗德意志聯軍的入侵，但最後還是敗下陣來，於一八七一年一月耗盡軍力投降。

之後法國在共和派梯也爾（Adolphe Thiers）的帶領下成立臨時政府，與德國簽署暫時性的和談條約。

然而，部分巴黎市民因無法接受這個結果，在巴黎街上拉起了路障，設立解放區，成立「革命自治政府」（巴黎公社）。巴黎也因而陷入雙重政權的狀況。

馬克思（Karl Marx）聽到這個消息後是又驚又喜，並對此做出非常極端的評論：「這是史上第一個勞工階級政權。」之後還基於「公社」（Commune）一字，將努力追求勞工政權的戰鬥革命家稱為「共產主義者」（Communist）。

外野席 **「愚者從經驗中學習教訓，智者從歷史中學習經驗」** 這句話是貴族地主出身的鐵血宰相——俾斯麥的名言。原文是這樣說的：「愚者從自己的經驗中學習，我則喜歡從他人的經驗中學習。」該句名言正是用這句話改編而成。

黑奴問題：南北美國的不同價值觀

隱藏在「人民政府」中的矛盾與發展動力。

1861年～
美國　南北戰爭

美國獨立戰爭結束後，聯邦政府便鼓勵國民前往「西部拓荒」。他們將對東部殖民地開拓時代感到反感的民眾送到西部開墾，並宣稱告訴他們西部是一片充滿夢想與希望的自由之土，不受傳統規則束縛。

但實際上，西部也是有衝突和矛盾的，當地雖然有美洲的原住民（也就是印地安人）居住，然而聯邦政府卻不重視這一點，**而是主導白人以武力討伐，又或是用近似詐欺的交易手段，騙取原住民祖傳的土地來進行開拓。**

當這群人開拓到太平洋沿岸時，一個新的問題也隨之浮出檯面。

隨著工業革命的發展，資本主義已深入美國北方，他們為了對抗英國，極度需要一個強而有力的聯邦政府與貿易保護政策。北方基於人道思想，並不贊同黑奴制度；相對地，南方是以經營大農場為主的農業社會，非常需要黑奴充當勞力，所以要求聯邦政府維持奴隸制、給予各州獨立自治權、開放自由貿易。

對此，南北雙方完全沒有妥協的餘地。

一八六〇年，北方候選人林肯（Abraham Lincoln）當選總統，隔年南方各州脫離聯邦政府，自行組成美利堅聯盟國（the Confederate States of America，簡稱CSA）。美國一分為二，雙方正式開戰。相信大家都已經知道結果了——**最後由北方獲勝，美立堅合眾國重新統一。**

南北戰爭結束後，林肯在蓋茲堡（Gettysburg）追悼犧牲者，並留下了一場垂名青史演說——**「民有、民治、民享的政府」**。

美國解放黑奴的過程

Column

擴張領土是天命？

美利堅合眾國自東部十三州發跡，於一八〇三年向法國收購密西西比河以西的路易斯安那之後，才開始擴張領土。

一八一九年，他們向西班牙收購佛羅里達（Florida），一八四五年併入德克薩斯（Texas），隔年又併入奧勒岡（Oregon）。一八四八年戰勝墨西哥後取得加利福尼亞（California），終於將領土擴張到西部太平洋沿岸。

於是，美國開始高喊「Manifest Destiny」，也就是「昭彰天命論」。

他們相信擴張領土跟開荒拓墾是神賦與美國人（白人）的天命！所以可以為所欲為……呃，真的是這樣嗎？

外野席 **「南北戰爭」的冷門小知識** 當初南北開戰，狀況其實明顯對北方較有利。北方有二十三州，人口兩千兩百萬人；南方只有十一州，人口九百萬人（含奴隸）。此外，北方工業強盛，武器、彈藥、衣物、物品一應俱全，甚至還有鐵路網。雖說南方是防守方，熟知地理環境，軍隊裡又有許多可用之才，但最後還是不敵物資充沛的北方。

日本面對外力入侵的奇異選擇——「明治維新」

從尊王攘夷到開國維新，幕府內外維新志士所選擇的道路。

1867年
日本　明治維新

這股歐美列強所引發的殖民統治風暴，最終還是吹到了德川幕府所統治的東亞小國——日本。**自第三代將軍德川家光開始，德川幕府便進入長久的鎖國時期，直到美國東印度艦隊的司令官培里（Matthew Perry）直搗日本國門。培里的到來也讓德川幕府政權岌岌可危。**

一八五四年，幕府不顧眾人反對與美國簽訂《神奈川條約》，一八五八年又簽訂《日美修好通商條約》，執意開國的態度令日本國內輿論譁然。幾經曲折後，日本的口號從原本的「尊王攘夷」改為「討幕開國[6]」，**並於一八六七年建立了新政府**。

新政府上任後，以最快的速度推行近代國家建設。值得注意的是，日本的改革方式可說是世界史上前所未見，大名、諸侯、武士團見到十五代將軍德川慶喜「大政奉還[7]」後，紛紛跟著放棄自己的特殊身分與特權待遇，將領土和人民歸還給天皇。

舊時代的**統治者面對新時代的新政府，竟主動「版籍奉還」、「廢藩置縣」，為新的國家建設奉獻一己之力，這在古今中外可是前所未聞的創舉。**

為什麼這場改革會叫作明治「維新」，而非像歐美那樣稱作「革命」呢？這就是箇中原因。

請容我再次強調，明治維新並非革命。

雖然中間也有過小規模的叛亂和武力紛爭，但從將軍到大名、武士都非常配合，真心地協助明治新政府往近代國家之路邁進。因為他們非常明白，此時的日本就有如在高空走鋼索，險象環生。

在亞洲諸國紛紛淪為歐美國家的殖民地之時，日本為何能成為唯一的倖存者？這一切絕非偶然。

譯註
6：討伐幕府，開啟國門。
7：幕府將政權還給天皇。

幕末時期重大事件年表

Column

日本為何能逃過被殖民的命運？

明治時代的日本人非常明智。他們用令人望塵莫及的高薪聘請外國人，教導日本人鋪鐵路、挖礦坑；協助成立大學、建蓋兵工廠和造船廠、發展郵政電信事業、海運事業、製線工業……等。

有了這些基礎事業後，明治政府施行徵兵制，組成常備軍。無論你是士族（舊武士團）還是平民，凡男子滿二十歲都得當兵，以此奠定近代國家的獨立基礎。因此，日本沒有被殖民真的不單是運氣好而已。

看到周圍的印度、清朝在列強的殖民統治下掙扎呻吟後，日本非常努力地發展產業與資本主義。為了富國強兵一刻也不得閒，才成功保住了自己的政權。

外野席　**「朝廷幕府皆不倚仗外國之力」**　幕府大臣勝海舟和大久保一翁向德川慶喜諫言：「德川政府要繼續生存，唯有謝罪恭順，別無他法。」，「若接受法國的援助攻打薩摩，英國就會為薩摩與長州撐腰，一旦外國勢力介入內亂，最後日本就會毀滅。」薩摩的西鄉隆盛也斬釘截鐵地說：「我國之事當盡吾人之力，哪有那個臉皮去倚仗外國。」

漂泊於東亞的古代中國亡靈與俄羅斯帝國的野心

朝鮮不穩則日本不安：國防辯論所點燃的火種。

1894～1905年
日清、日俄戰爭

明治新政府上任後，日本隨即得面對國際社會的嚴峻狀況，處理一些必須用「非常手段」解決的問題。**英國、法國、德意志等歐美列強對清朝進行侵略，北方大國俄羅斯也以虎狼之姿南下進攻，這讓日本岌岌可危。**

清朝因自古以來信奉「中華思想」，在根深蒂固的傳統下，不但不願與日本合作對抗歐美列強的侵略，還將週遭國家視為比自己低等的臣下。朝鮮開國後，清朝也一直以「宗主國」之姿對其指手畫腳，卻反而成為發展的阻礙。

在這樣的情況下，**日本為保障國防安全向清朝宣戰**，在此次戰役中大敗清朝，向全世界展示了新興國家日本的力量。

《馬關條約》中約定，清朝必須割讓台灣、遼東半島、澎湖諸島給日本。因俄羅斯在滿洲擁有相當大的權利，無法對此置之不理，便召集法、德兩國一起勸說日本將遼東半島還給清朝。

當時日本沒有武力與這三國對抗，只能夠忍辱負重，努力發展外交，以臥薪嘗膽之決心加強軍備，終於在明治三十七年（一九〇四年）初向俄羅斯宣戰。日本陸軍在慘烈的犧牲下成功攻占旅順、壓制奉天；海軍也於玄界灘（日本九州西北部的海域）給予俄軍波羅的海艦隊迎頭痛擊，最後由日軍大獲全勝。

日本戰勝後，與俄羅斯簽署《樸茨茅斯條約》（Treaty of Portsmouth），取得朝鮮的監理權、滿洲的租借權、庫頁島南部及其附屬諸島的領有權、俄羅斯濱海邊疆州（Primorskaya Oblast）和堪察加（Kamchatka）的漁業權。當然，這背後少不了日英同盟的支援。

日清、日俄戰爭與和談條約

日清戰爭

清朝 1894年8月～1895年4月 **日本**（勝）

清朝：
- 拒絕日本的提案
- 強調自己擁有朝鮮宗主權的正當性

日本：
- 清朝發生東學黨之亂，日清兩國共同平定後，日向清提議進行內政改革
- 希望清朝能放棄朝鮮的宗主權，將朝鮮納入日本勢力之下

1895年4月

《馬關條約》

- 清朝承認朝鮮獨立
- 清朝向日本支付兩億兩的賠款
- 清朝將遼東半島、台灣、澎湖列島割讓給日本

※十一月，在俄法德三國的干涉下，清朝以三千萬兩贖回遼東半島

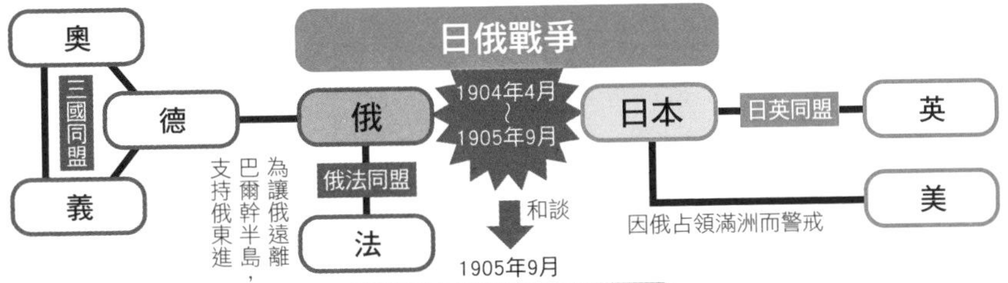

《樸茨茅斯條約》

- 俄羅斯承認日本對朝鮮的優先權
- 俄羅斯將中國東北地方的鐵路及相關權利轉讓給日本
- 俄羅斯將北緯五十度以南的庫頁島讓給日本
- 給予日本濱海沿岸地區的漁業權

Column 日俄戰爭的財政支柱——財政天才高橋是清

一九〇四年二月，日本於國策會議上決定與俄羅斯斷交，並即刻向俄政府宣戰。當時日本政府的金庫——日本銀行裡只有一億五千萬日圓。

開戰後，外國銀行紛紛撤離日本。若用日幣、國際通貨支付軍需物資等費用，日本只會剩下六千五百萬日圓。而軍事預算最少也要四億五千萬日圓，怎麼看錢都會不夠用。

雖然日本和英國組成了同盟，但英國卻在財務支援上找盡藉口，表示這是白人對黃種人的戰爭，他們不能公然協助日本。在這樣艱難的情況下，當時的銀行副總裁高橋是清，還是成功募集到高達十三億日圓的外債。

外野席 **福澤諭吉與朝鮮**　韓字雖是十五世紀舊朝鮮國國王世宗所創，但直到十九世紀後半葉才普及。當時日本在東京製作韓字課本，並建設學校教導朝鮮兒童識字，更創辦韓字報紙《漢城週報》，而這些都由福澤諭吉所主導。

宣揚三民主義的中國革命先驅

打響推翻滿清的第一槍，卻與失勢者共同淪為俎上肉。

1911年
中國
孫文與辛亥革命

一九一〇年，正當日本要兼併朝鮮之前，**孫文在中國組成了革命同盟組織「中國同盟會」**，高唱「三民主義」（民族獨立、民權伸張、民生安定），揭露「四大綱領」（驅除韃虜、恢復中華、創立民國、平均地權），開始推動穩健而踏實的革命運動。

一九一一年，清朝宣布鐵路幹線國有化，因為他們要以鐵路為擔保，向美、英、法、德四個國家借款。此舉激怒了從事鐵路建設、回收路權的民族資本家與有力人士。

這對孫文這些同盟會人士而言，可說是千載難逢的大好機會。這把從湖北省武昌燃起的革命之火，很快就延燒到其他省分，短短一個月的時間，幾乎所有省都已準備好發布「獨立宣言」。

孫文從美英兩國遊說歸來後，**立刻被選為臨時大總統，於南京發表中華民國建國宣言**。然而，此時清朝仍未滅亡，朝廷任命北洋軍強人袁世凱出任總理大臣，將相關事宜全權交予他處理。

然而，袁世凱是個貪權的野心家，他與革命黨交換條件，只要讓他擔任臨時大總統，他就逼宣統皇帝溥儀退位、推行共和制。但這只是他的說詞，袁世凱掌權後，立刻翻臉不認人，肆意打壓那些在野的軍閥勢力，排擠孫文等革命人士。

清朝滅亡了，然而取而代之的卻是袁世凱的獨裁強權。之後，革命失敗的孫文逃亡到日本，再次組成中華革命黨，等待下一次時機的到來。

孫文的動態與清朝的滅亡

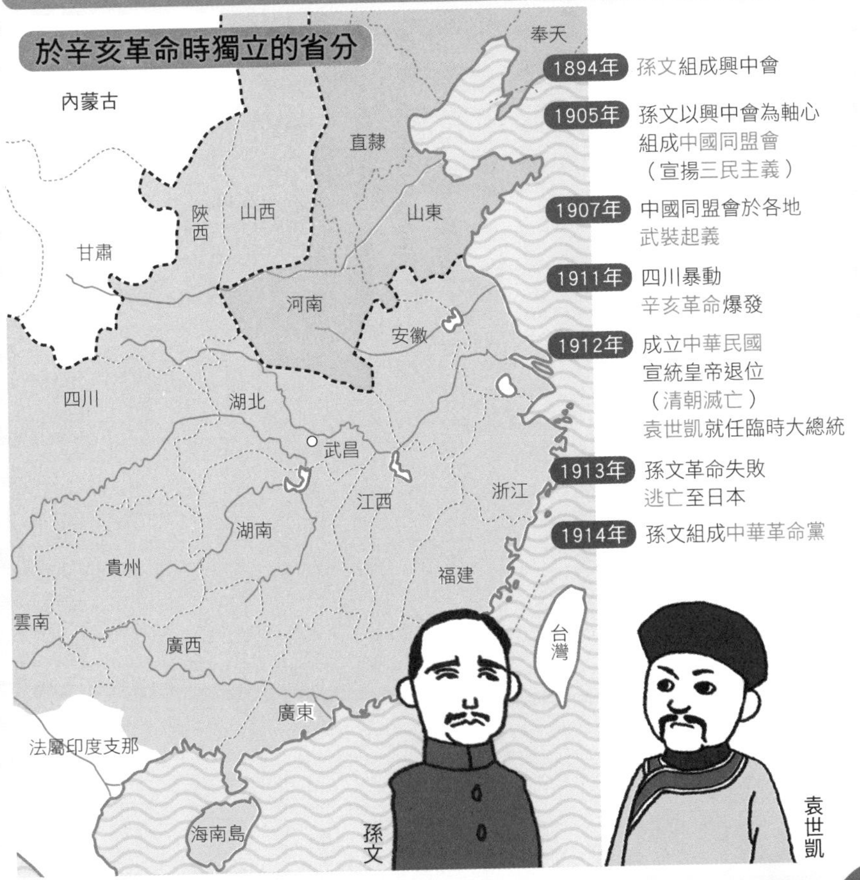

於辛亥革命時獨立的省分

- 1894年 孫文組成興中會
- 1905年 孫文以興中會為軸心組成中國同盟會（宣揚三民主義）
- 1907年 中國同盟會於各地武裝起義
- 1911年 四川暴動 辛亥革命爆發
- 1912年 成立中華民國 宣統皇帝退位（清朝滅亡） 袁世凱就任臨時大總統
- 1913年 孫文革命失敗 逃亡至日本
- 1914年 孫文組成中華革命黨

Column 孫文的後盾——大陸浪人

辛亥革命發生後，日本國內反應相當兩極。

頭山滿、犬養毅等與孫文有深交的人，都很樂見舊中國垮臺、新中國建立。

然而，像山縣有朋這些陸軍權威，則不希望鄰國建立共和政府。這些人越過內閣，訂定《帝國國防方針》。他們早就預料到之後軍方會失控，所以才會希望清朝繼續存活。

其他還有人稱「大陸浪人[8]」、不知從何而來的自發性集團。我對這些人不予置評，因為他們經常被人利用，淪為發展日本本土國家主義、對外擴張主義的工具，與自己的目標背道而馳。

譯註

8：日本近代史上以「經營大陸（中國、朝鮮等地）」為目標的志士。

外野席 **跟強盜沒兩樣的軍閥集團** 清朝滅亡到蔣介石建立中華民國之間，中國各地出現軍閥割據的狀況。這些軍閥有如封建首領一般，在各地供養軍隊、訓練私兵，在歐美列強的支持下，與地主階級勾結、四處作亂。軍閥之間經常打得你死我活，聚散離合是常有的事，直到蔣介石出現才走向統一。

誰是贏家？無止盡的消耗戰——馬恩河戰役

消耗四十五萬發彈藥，比預估多出二十倍，戰爭到底是為了什麼？

一九一四年六月二十八日，奧地利哈布斯堡家族的皇太子夫婦在訪問波士尼亞首都薩拉耶佛（Sarajevo）期間，遭塞爾維亞刺客組織槍殺身亡。

奧地利政府在爭取德意志同意後，立刻向塞爾維亞宣戰，列強諸國也紛紛加入戰爭。奧地利入侵塞爾維亞，隨著雙方的後盾——德意志與俄羅斯參戰，很自然地就演變成德俄兩國的對決。

法國和俄羅斯同屬協約國，試想一旦俄羅斯向德意志開戰，會發生什麼事呢？**法國肯定也會攻打德意志**，而德意志沒有一打二的本錢，恐怕只能集中砲火對付法國，到時英國大概會以世界帝國之姿扮演中立的角色。

沒錯，實際上的戰況就如同上述所想。

德軍入侵盧森堡（Luxembourg），對比利時侵門踏戶後，沒多久就遭法軍反攻，展開一場激烈廝殺。當時，雙方的參謀本部粗估的彈藥消耗量為一天兩萬發，但在兩軍交鋒最激烈的時期，即使一天生產三十～四十五萬發彈藥也不敷使用。

這場戰役所耗費的彈藥遠遠超過當初設想，性質也從兵員作戰演變為物資作戰。進入壕溝戰後，雙方便陷入膠著。**在這樣的情況下，德軍很快便遭受挫折，勝利之門已然關閉。這場仗就是歷史上著名的馬恩河戰役，以改變戰爭形式聞名。**

此時，戰爭已進入全國動員的總體戰時期（※請參考Column）。

同盟國與協約國

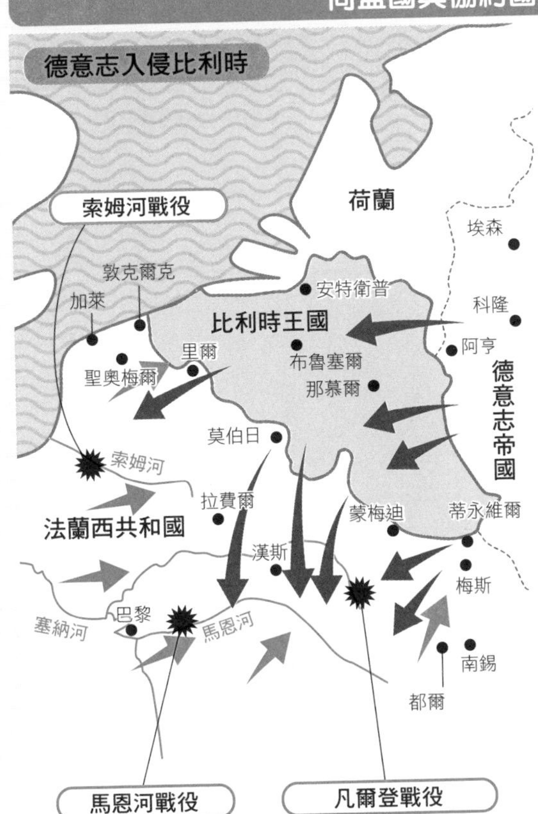

1882年

德意志、奧地利、義大利組成三國同盟

1914年

6月	賽拉耶佛事件
8月1日	德意志向俄羅斯宣戰
8月3日	德意志向法國宣戰，入侵中立國比利時
8月4日	英國向德意志宣戰
8月23日	日本向德意志宣戰
10月	鄂圖曼帝國加入同盟國陣營

1915年

5月	義大利加入協約國陣營
10月	保加利亞加入協約國陣營

1917年

美國加入協約國陣營

1918年

9月	保加利亞投降

Column 近代武器傾巢而出的戰爭：第一次世界大戰

德意志原本打算速戰速決，最後卻演變成長期抗戰。同盟國與協約國紛紛開始使用毒氣，開發各種新兵器，在戰場上進行實驗。

坦克車就是典型的例子，專門設計來應付壕溝戰；飛機專門用來探查敵情和空中轟炸；潛水艇則可在敵人的海域潛行。

若製鐵技術和科學技術不夠發達，是無法做出這些武器的。時代已然改變，戰爭已經從「兵員戰鬥」升級為以國家社會綜合發展和生產力為主的「總體戰」。

外野席 **「死亡商人」諾貝爾** 一場實驗爆炸意外，讓阿佛烈·諾貝爾（Alfred Nobel）失去了他的胞弟和研究夥伴。但他並未因此氣餒，最後成功促成硝化甘油的實用化，將這種炸藥運用於採礦和土木施工中，並在五十個國家取得專利，旗下一百家工廠每日全力生產。諾貝爾靠賣炸藥成了億萬富翁，因而有了「死亡商人」之稱。雖然他絕大部分的財產都遭人侵奪，但他還是在離世前留下遺書，囑咐要用剩下的財產成立諾貝爾基金會。

從歐洲到美國，列強核心的轉移

美國經援英法，站上全球舞台。

1917年
美國宣布參戰

第一次世界大戰奧地利向塞爾維亞宣戰的同時，列強諸國也紛紛表明參戰意願。德意志和俄羅斯各為奧地利和塞爾維亞的後盾，見到奧地利入侵塞爾維亞，當然不會坐視不管，之後更進一步發展成德法之間的戰爭。

戰場擴大為全球規模後，想當然耳，**離主戰場較遠的美國，還是被捲入了**。當時，德意志為對付英國的海上封鎖戰術，使用潛水艇進行反擊，在一次對英國商船的攻擊中，造成了一百多名美國人喪命。

美國總統威爾遜（Woodrow Wilson）以「中立主義」取得連任後，因德意志宣布將無預警攻擊特定航路以外的船隻，導致美德斷交，**並於一九一七年四月向德宣戰**。

不過，就如同當初英國以自由貿易主義稱霸天下，美國國內自由主義持續抬頭，壓過了貿易保護主義。因此，美國並未以武力攻擊，而是對協約國予以經濟援助、發行美債。

之後，歐洲各國被戰爭蹂躪得體無完膚，美國創造出新資本主義後便順勢取而代之，成為世界的核心。世界大戰使得歐洲由盛轉衰，卻讓美國出現空前的繁榮。戰前美國原為債務國，卻在戰後成為擁有約百億美金的債權國。

此外，美國不斷在儲備取代英國的實力，全球的黃金儲備有一半集中於美國，這無疑確立了美國國際核心的地位。

第一次世界大戰前的美國動向

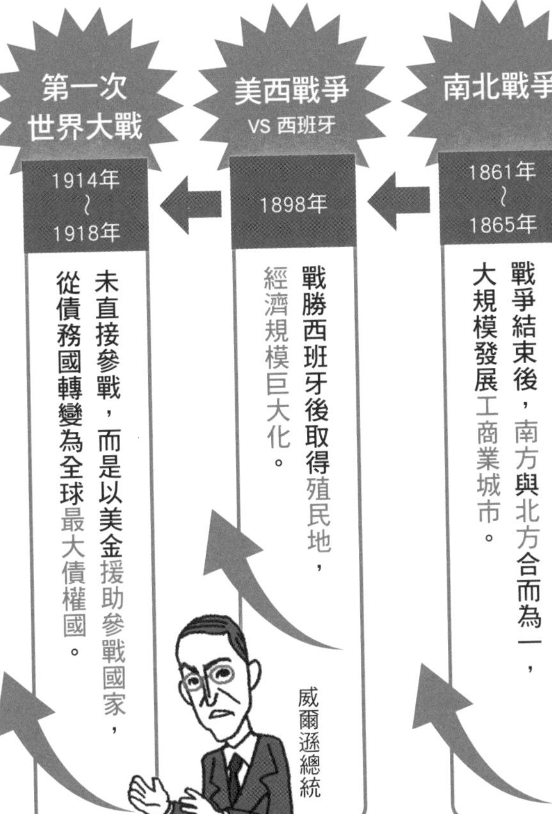

Column

追求和平的作家——羅曼・羅蘭

歐洲受到戰火摧殘，一群追求和平的有志之士聚集在瑞士的日內瓦，其中包括了以《約翰・克利斯朵夫》（Jean-Christophe）一書獲得諾貝爾文學獎的作家——羅曼・羅蘭（Romain Rolland）。他原本強烈主張反戰，直到後來接受「所有國家的社會主義者＝好戰分子」這個事實，才向戰爭妥協。

這時的他大概不知道，列寧（Vladimir Lenin）所率領的布爾什維克黨（Bolsheviks）會以「化戰爭為內戰」為口號、準備發動十月革命吧。這時列寧已告別社會民主工黨，另組共產黨。只能說批判很簡單，實踐卻很難，

外野席 **無話不談的好麻吉：愛迪生與福特** 十九世紀末的一場晚餐餐會上，一群人正討論是蒸氣車好、電動車好，還是汽油車好。當時大家都較看好電動車，然而，愛迪生（Thomas Edison）在聽到福特（Henry Ford）做出汽油車後，表現出極為濃厚的興趣，這讓福特下定決心製造汽油車。之後兩人還成了無話不談的好麻吉。

「化帝國主義戰爭為國內戰爭」

當反戰運動成為革命口號：共產黨的誕生。

1917年
俄羅斯革命

俄羅斯因近代化的時間較晚，**在世界大戰爆發後可說是破綻百出**。不但前線士兵缺少彈藥，就連衣食物品也是東缺西少。國內物資極端不足，**政府卻堅持繼續投入戰爭，這導致勞工、農民、士兵對政府日益不滿，批判聲浪愈發高漲**。

一九一七年二月，麵包店前的隊伍民眾發動抗爭，各地開始罷工。基於一九〇五年的經驗，**勞工與士兵自然而然組成了「蘇維埃」（Soviet，勞農委員會）**。

然而，社會革命黨和社會民主工黨的少數派孟什維克（Mensheviks）與自由主義分子聯手，成立臨時政府。隨著皇帝尼古拉二世（Nicholas II）退位，羅曼諾夫王朝就此滅亡（二月革命），形成臨時政府與勞農軍蘇維埃雙方政權並列的狀況。

就在這時，流亡瑞士的列寧回到了俄羅斯，他在《四月提綱》中呼籲讓代表勞農軍的機關——蘇維埃掌握權力、建立共和國，而非議會至上的共和國。高喊「全權交予蘇維埃」、「化帝國主義戰爭為國內戰爭」等口號，正面對抗打算繼續投入戰爭的臨時政府。

十一月七日，**列寧與托洛斯基（Lev Davidovich Trotsky）發起武裝抗爭，推翻臨時政府，宣布以全俄羅斯蘇維埃代表大會建立新政權**。這就是歷史上赫赫有名的「十月革命」。

政權成立後，列寧發布《和平法令》（Decree on Peace），要求所有交戰國實行不賠款、不強迫合併、民族自治等和平措施，並公布《土地法令》（Decree on Land）。他的所作所為，無疑是一場宏大的實驗。

俄國革命的過程

1914年

第一次世界大戰爆發

因近代化起步較晚，俄羅斯出師不利
暴露出糧食不足等弱點

打倒沙皇統治

1917年

3月
聖彼得堡暴動後，引發三月革命
形成雙重政權：「蘇維埃」與「臨時政府」

4月
列寧提出《四月提綱》
「全權交予蘇維埃」
「化帝國主義戰爭為國內戰爭」

11月
列寧建立新政權
社會主義革命急速發展

Column 無產階級專政？應該是共產黨專政吧？

革命始祖馬克思和列寧皆主張，應將「資產階級」（Bourgeoisie）對「無產階級」（Proletariat）的獨裁專政逆轉過來。

簡單來說，就是他們認為應讓占絕大多數的無產階級統治少數派的資產階級，才是所謂的民主主義。

然而，這些人以暴力施行獨裁專政，民主主義只是紙上畫大餅，導致現實跟理想背道而馳，之後更進一步升級為共產黨專政。雖發起多次革命，卻未見一次民主革命。

外野席 **協約國對俄國革命的干涉** 1919年4月，駐守在黑海的法國艦隊在俄國革命的影響下發生叛亂。除此之外，北俄的英美兩軍也出現暴動。這些協約國國家撤軍後，轉為借款一億美金給俄國國內的反革命勢力──高爾察克（Alexander Kolchak）軍隊，並贈與大量的兵器與彈藥。另也對南俄的鄧尼金（Anton Denikin）提供借款、飛機、戰車等物資。

沒有美國的美國體制：國際聯盟的發跡

第一次世界大戰後從大西洋到太平洋，世界秩序的巨變。

1919年
美國　國際聯盟

一九一九年一月，各國於法國巴黎召開世界大戰的和平會議。**該會議是基於美國總統威爾遜所提出的《十四點和平原則》進行**，歐洲各國自古以來的傳統作法和慣例，在會中成為被抨擊的對象。

這些原則包括杜絕祕密外交、撤除關稅壁壘、縮小軍備、允許歐洲各國民族自治、公正解決殖民地問題……等。對此，英國的勞合喬治（David Lloyd George）與法國的克里孟梭（Georges Clemenceau）當然是不願接受。因此，威爾遜的提案只有部分獲得實現。

不過，戰敗國德意志仍失去了所有的殖民地，不僅要割讓阿爾薩斯．洛林（Alsace-Lorraine）、丹麥國境區等地，還得賠償鉅額賠款（一千三百二十億黃金馬克），奧地利也成為只有德意志民族的小共和國。

匈牙利、捷克斯洛伐克、南斯拉夫、波蘭四國獨立；敘利亞委託給法國治理；伊拉克、約旦、巴勒斯坦則委託給英國治理，**世界秩序出現了極大的改變**。

為施行這套戰後秩序，美國提案**成立國際聯盟（總部位於日內瓦）**。這套體制相當奇妙，德國與蘇聯一開始就被該聯盟排除在外，而美國雖為提案國，卻因國內反對聲浪而並未參加。

即便如此，**美國還是成功躍升國際舞台，以活力與自由才氣取代了歐洲保守傳統的舊秩序**。我們該慶幸美國的崛起，因為之後國際間接連出現只有美國能解決的難題。

國際聯盟的機構與功能

國際聯盟的集團安全保障

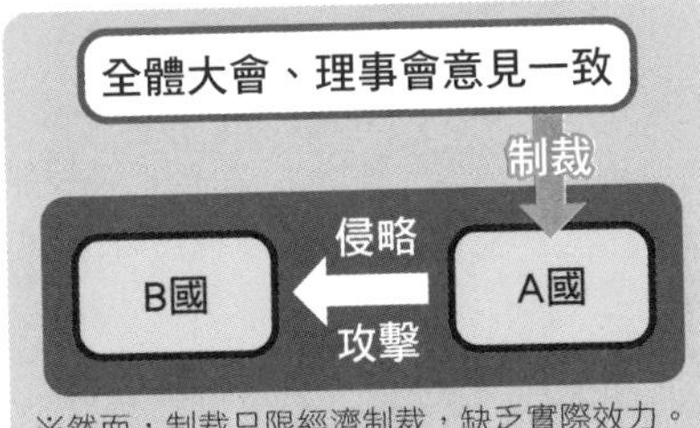

※然而，制裁只限經濟制裁，缺乏實際效力。

國際聯盟的機構與功能

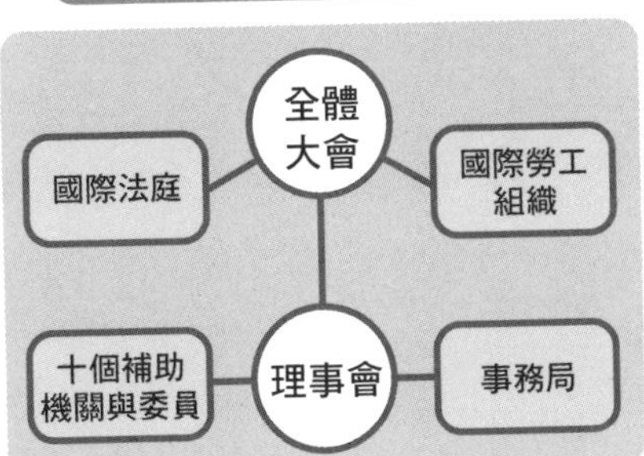

1920年 國際聯盟成立。其成立基礎為美國總統威爾遜所提出的《十四點和平原則》，但美國未參加國際聯盟，所以僅有四十二個國家加入。

1926年 第一次世界大戰戰敗國德國加入（加入）

1933年 日本因滿洲國問題退出，德國因納粹主義崛起而退出（退出）

1934年 蘇聯加入（加入）

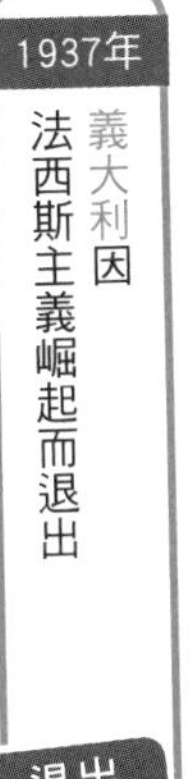

1937年 義大利因法西斯主義崛起而退出（退出）

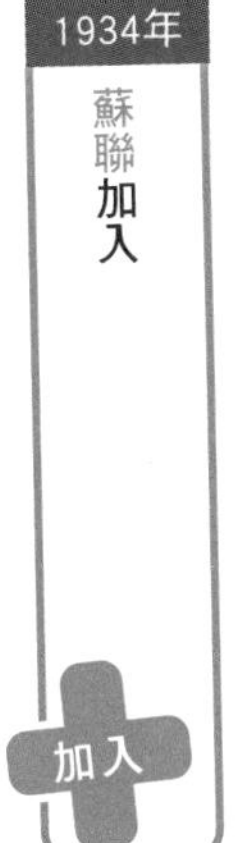

1939年 蘇聯遭除名（除名）

Column 甘地的訴求：非暴力不合作運動

第一次世界大戰期間，英國答應於戰爭結束後讓印度擁有自治權，以此為條件要求印度提供兵員與物資。然而戰爭結束後，英國非但沒有遵守約定，還在印度四處鎮壓烽火連天的民族獨立運動。

就在這時候，印度的聖雄甘地（Karamchand Gandhi）發起了相當罕見的「非暴力不合作運動」，以此表達對自治權的訴求，吸收了反英、反帝國主義運動的勢力，對之後的民族運動、獨立運動造成非常大的影響。

不與英國等歐美列強文化為伍，甘地用原始手法織布製鹽，正好抓住了印度人民的心。

外野席 **日本提出「種族平等議案」** 第一次世界大戰期間，美國總統威爾遜於和平會議上提出了《十四點和平原則》。日本也在會上提出種族平等議案，要求平等對待各色人種與各國人民。此案獲得十二比五的支持，但威爾遜卻以「應全體一致才算通過」為由，唐突地拒絕了，可見在當時並不容許任何可能破壞「白人優勢」的提案。

金本位制崩潰，各國再次展開殖民地爭奪戰

世界的逆行，邁向封鎖經濟與自給自足。

1929 年～ 1933 年
美國　經濟大蕭條

一九二九年十月二十四日，紐約證券交易所一天就賣出一千三百萬股股票。十月二十九日更是一天平均狂跌四十三點，跌到只剩兩個半月前的一半，這就是有名的「黑色星期四」，也是**全球性經濟大衰退——大蕭條的前兆**。

當時美國已是全球的經濟中樞，只要美國感冒，世界各國也會跟著打噴嚏。之後到一九三三年之間，全球工業生產額將近跌了一半，國際貿易的交易量更暴跌了七成。

過程中，**美國資本不斷提高，各國的儲備金大幅流失，難以繼續維持金本位制**。一九三一年九月，英國禁止兌換黃金，開始管理外匯、退出金本位制，此舉亦成為全球經濟的轉捩點。

在這樣的情況下，亞洲殖民地和南美、北歐各國也只能跟進。保留金本位制的國家則高築關稅壁壘、貶值貨幣，設法於貿易戰爭中取得上風，**全球經濟的分裂與對立一天比一天激烈**。

值得注意的是，在如此混亂的國際情勢中，**國際聯盟竟無法發揮任何作用。繼大英國協之後，法國、美國也築起封鎖經濟圈，鎖住與自國息息相關的國家與區域**。

然而，問題出在那些無法建立「封鎖經濟」的國家，像是德國、義大利，他們該如何自保呢？

大蕭條的影響

有封鎖經濟圈的國家

美國
- 建立美元區
- 羅斯福新政（New Deal）
- 與中南美各國發展睦鄰政策

英國
- 建立英鎊區
- 退出金本位制
- 壓縮失業保險費

法國
- 建立法郎區
- 簽訂《蘇法互助條約》
- 人民陣線成立內閣＝法國成立法西斯內閣

無封鎖經濟圈的國家

德國
- 組成納粹內閣
- 退出國際聯盟
- 宣布重整軍備

義大利
- 組成法西斯內閣
- 入侵衣索比亞
- 退出國際聯盟

日本
- 擴張鐵路，建設滿洲國
- 退出國際聯盟
- 中日戰爭

Column

有無經濟封鎖圈的差別

用簡單的二分法來說，進行經濟封鎖的國家為美國、英國、法國，未封鎖的則為德國、義大利、日本。

美、英、法各自建立了美元圈、英鎊圈、法郎圈等獨立的消費經濟圈，而德、義、日三國，就只能發動戰爭，自己「爭取」其他地區。

於是，德國在希特勒（Adolf Hitler）和納粹的率領下重整軍備，義大利則在墨索里尼（Benito Mussolini）和法西斯主義的領導下侵略衣索比亞，日本則發動中日戰爭、建立滿洲國，各國再次展開殖民地爭奪戰。

外野席 **經濟大蕭條的「解除黃金出口禁令」之亂** 1930年1月華爾街股市崩盤前，日本解除了黃金出口禁令，在社會上引發了有如狂風暴雨的大騷動。四處都在大排長龍，爭先恐後地兌換金幣。兌換潮於一年半後停止，黃金瘋狂流出，大家開始搶買美元，日本銀行的儲備金有如坐雲霄飛車一般，狂跌至只剩八億日圓。英國則退出金本位制。

趁著政局混亂時興起的納粹主義與法西斯主義

煽動人民不安，強化排外主義以奪權。

1922年～
德國與義大利
無封鎖經濟圈之國

要幫歷史定罪很簡單，但我們還是必須就「現實問題」的層面，來討論義大利的墨索里尼和法西斯主義，以及德國的希特勒與納粹主義。這些不是過去的歷史，而是現實中你我正面臨的問題。

義大利雖為第一次世界大戰的戰勝國，卻沒有拿到當初說好的部分領土，因而心存不滿。再加上戰後嚴重通貨膨脹，勞工的怨氣已面臨爆發邊緣。

在這樣的環境中，由前社會黨員**墨索里尼所領導的法西斯黨迅速壯大**。他們攻擊左翼勢力、批判政府的懦弱，因而獲得了地主、資本家、軍人的大力支持。一九二二年，法西斯黨「進軍羅馬」，成功奪取政權。

當時義大利經濟已盪到谷底，墨索里尼除了強化一黨專政，還用對外侵略的方式尋找經濟出口。義大利將阿爾巴尼亞納為保護國，入侵衣索比亞，但國際聯盟完全無法可管。

德國在經濟大蕭條的打擊下也相當淒慘，希特勒與納粹黨在這樣的環境下趁勢而起。

希特勒高唱德意志民族優越論，撕毀《凡爾賽條約》，主張重新分配殖民地、排斥猶太人，打出「廢除非勞動所得」、「信託國有化」等看似反資本主義的口號。

這些口號很容易讓人誤會納粹黨是一群左翼分子，從他們的正式名稱為「國家社會主義德意志勞工黨」來看，很明顯，他們是刻意要讓別人這麼認為的，想要藉此吸收左右兩邊的反動分子。這也是納粹支持者快速增加的原因。

二戰時期的兩大獨裁者：墨索里尼與希特勒

希特勒

1883年～1945年

納粹黨獨裁領袖。生於奧地利，後移居德國，於第一次世界大戰從軍，戰後加入納粹黨。1933年成立希特勒內閣，以恐怖統治的手段實行獨裁專政。

墨索里尼

1889～1945年

法西斯黨獨裁領袖。生於義大利鐵匠家庭，長大後參加社會黨，因堅持義大利應該參戰而遭黨除名。之後轉向反社會主義，組成法西斯黨，奉行法西斯主義。

Column

納粹的真正目的是什麼？

直到納粹崛起，德國的保守勢力才得到大眾的支持。事實上，德國除了納粹也有其他極右團體，只是大多都淪為陰謀集團，又或是專門策劃暗殺的組織。

但納粹不一樣，他們利用容易受到言論煽動的青年，組成名為「衝鋒隊」（Sturmabteilung）的武裝集團對抗社會主義運動，且擅於提出社會訴求，非常具有行動力。

問題在於，這股凝聚力的箭矢最後指向了左翼和猶太人，發展成仇視外國民族的排外主義。這不禁讓人感嘆，政黨不應濫用青年的活力，而是該循循善誘，讓他們成為濟世之才。

外野席 **沒有經濟封鎖圈的唯一選擇？** 根據《華盛頓條約》，海軍主力艦的總噸位比為英：美：日＝10：10：6，其他補助軍艦的比例也差不多如此。日本軍部的右翼對此大力反對，先後策劃五一五事件、二二六事件，進而引發九一八事變，當時的世界局勢是促使沒有資源的國家走向擴張領土來獲取資源的道路的因素之一。

對抗納粹的領土擴張，英法的國土防衛戰略

一紙加速世界大戰爆發的條約——《德蘇互不侵略條約》。

1938年～
英法合力對抗納粹

西班牙內戰期間，納粹德國和法西斯義大利公然援助弗朗哥（Francisco Franco）元帥的叛亂，對抗蘇聯、歐美國家的社會主義人士組成的國際縱隊（International Brigades）。之後，德義兩國就開始與國際共產主義運動作對。

德國和義大利組成了「羅馬—柏林軸心」（Rome-Berlin Axis），德國和日本則簽訂《防共協定》，德義日三國又於一九三七年簽訂《三國防共協定》。之後三國各自退出國際聯盟，組成三國軸心。

納粹德國很快便與奧地利合併，並要求捷克斯洛伐克割讓多為德人的蘇台德地區（Sudetenland）。英國首相張伯倫（Neville Chamberlain）與法國首相達拉第（Édouard Daladier）於一九三八年九月的慕尼黑協定（Munich Agreement）中，同意蘇台德地區歸德國所有。

接著，德國又合併了捷克斯洛伐克的西半部——波希米亞（Bohemia）和摩拉維亞（Moravia），並將斯洛伐克納為保護國，要求波蘭歸還但澤（Danzig）。這時發生了一件令全世界震驚的新聞，那就是**蘇聯與德國簽署了《德蘇互不侵略條約》**。

事已至此，英國與法國終於無法坐視不管，在一九三九年九月向德國宣戰，**第二次世界大戰的戰火就此點燃**。之後，德國相繼戰勝丹麥、挪威、荷蘭、比利時，最後甚至入侵法國，占領巴黎。

納粹德國連連得勝，最後卻因為違反《德蘇互不侵略條約》入侵俄國土地，跟拿破崙一樣自掘墳墓，踏上毀滅之路。

第二次世界大戰前的德國動向

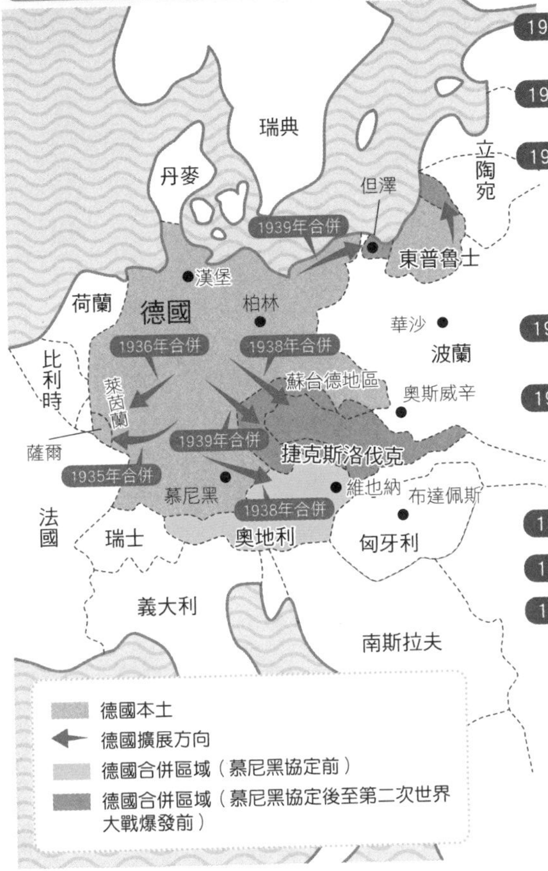

1932年 納粹黨贏得大選，成為第一大黨

1933年 組成希特勒內閣，退出國際聯盟

1934年 希特勒當選總統

1935年 德國宣布重整軍備，簽訂《英德海軍協定》

1936年 撕毀《羅加諾公約》（Locarno Treaties）介入西班牙內戰 簽訂《德日防共協定》

1937年 德日義三國簽訂防共協定

1938年 合併奧地利

1939年 分裂捷克斯洛伐克 簽訂《德蘇互不侵略條約》侵略波蘭

↓

第二次世界大戰

Column 抗德英雄——戴高樂將軍

納粹德軍占領巴黎後，法國投降。之後德國便占領法國北部，南部則由維琪政權（Vichy France）統治。

這時，戴高樂將軍於倫敦成立法國流亡政府，呼籲法國人民起義抵抗。之後更組成自由法國軍隊，參加聯軍。

戴高樂將軍致力凝結國內的抗德力量，於北非阿爾及爾（Alger）組織法國民族解放委員會。此時臨時政府已是萬事俱備，沒多久後便訂定出法蘭西共和國臨時政府首相之下的各閣僚任務，宣布解放巴黎，率軍進入巴黎。

外野席 **羅斯福新政**　美國經過大蕭條的打擊後，總統羅斯福為1930年代的美國創造了新的資本主義概念。由政府介入民間經濟活動，予以限制，藉此刺激並控制美國經濟。其中包括推出失業政策、組織國營公司與民間企業競爭……等。這一連串的行動稱為「羅斯福新政」。

建設「大東亞共榮圈」的口號

被排除在白人社會之外的日本。

1937年～
中日戰爭

一九三一年九月，日本陸軍精銳部隊——關東軍於柳條湖炸毀鐵路，以此作為進軍滿洲的開端，史稱**九一八事變**。此事引來歐美各國的撻伐，國際聯盟派出李頓調查團（Lytton Commission）前往調查，但真相未明，需要更進一步慎重研調。

事情的真相是，日本宣布由日本單方面經營滿洲鐵路，拒絕與美國資本共同經營，**歐美便將日本從「歐美列強」中除名，日本遭到孤立，只能與之為敵**。

當時，蔣介石的國民政府與毛澤東所領導的中國共產黨一直在內戰。一九三四年，被打得走投無路的共產黨從瑞金出發長征，並在長征途中提案國共合作，共組抗日民族統一戰線。

此時，東北的張學良認為自己的父親張作霖死於日本關東軍之手，為此他策劃西安事變，扣押主張剿滅共產黨的蔣中正，**要求他停止內戰、投入抗日戰爭。很快地，國民黨和共產黨便進行了第二次國共合作。**

日軍雖已占領武漢和廣州，但只保住了重要都市和交通要道、連點為線，完全沒有餘力占領廣大的農村地區。不過，日本隨著情勢發展奮力而為，之後擁護以汪精衛為首的親日政權，於**一九三九年打出「建設東亞新秩序」的口號**。

在這個時間點，日本就實際狀況而言已參與了第二次世界大戰。之後日本攻擊珍珠港，向美英兩國宣戰，「大東亞共榮圈」建立之戰也就此進入「太平洋戰爭」的新階段。

日軍對中國的侵略

1927年	第一次出兵山東
1928年	第二次出兵山東 濟南事件 皇姑屯事件
1931年	柳條湖事件
1932年	李頓調查團前往日本 建立滿洲國
1933年	退出國際聯盟 簽訂《塘沽停戰協定》
1936年	德日簽訂防共協定
1937年	盧溝橋事變 德日義三國簽訂防共協定 占領南京
1938年	張鼓峰事件
1939年	諾門罕戰役

Column 青年軍官的叛亂是為了什麼？

第一次世界大戰時，歐美各國的輿論大都稱讚日本是「世界憲兵」、「值得信賴」，然而在第一次世界大戰結束後，無論是對於日英同盟拆夥、倫敦海軍縮問題，還是滿洲事變李頓調查團的勸告等，都是一面倒地予以批評。

日本國內也出現很大的變化。位居軍隊中樞的青年軍官們認為，日本之所以陷入僵局，問題出在元老、重臣、財團、政黨的無能與腐敗。他們打算建立以軍隊為中心的內閣強權，翻轉內外政策。

於是這些人策劃了「五一五事件」、「二二六事件」，並迅速投入「太平洋戰爭」，走上孤立無援的戰爭之路，最終迎來毀滅。

外野席

中日戰爭的開端：盧溝橋事變 1938年7月7日，晚間十點到隔天早上五點之間，日軍共三次受到中方（蔣介石所率領的國民政府軍隊）非法射擊，在兩軍衝突下，盧溝橋事變爆發，為中日戰爭揭開序幕。一般認為是因日軍開砲所引起，有一說表示當時日軍其實是在夜間演習，並未裝設實彈，目前看法仍相當分歧。

同盟國的大反擊，義、德、日相繼投降

原子彈轟炸、蘇聯參戰、日本投降，接受《波茨坦宣言》。

日本
接受《波茨坦宣言》

同盟國以美國為核心，於一九四二年起展開大反擊。**其中又以美國在大西洋、太平洋的兩個戰線為主力部隊，一九四三年義大利投降，一九四五年德國與日本投降，結束了第二次世界大戰。**

美軍在太平洋諸島擊退日軍，蘇聯也於史達林格勒戰役中大破德軍。隨著情勢反轉，盟軍登陸北非，占領西西里島，直逼義大利本土，做好了反攻的準備。

一九四三年九月，盟軍登陸義大利本土。佩特羅（Pietro Badoglio）接替墨索里尼擔任首相，向盟軍投降。**隔年六月，艾森豪（Dwight Eisenhower）指揮盟軍登陸諾曼第。之後戴高樂將軍解放巴黎，成立臨時政府。**

情勢演變至此，德軍已是東西兩面皆失，希特勒舉槍自殺。一九四五年五月，德軍無條件投降，解除武裝軍備。殘存的日本方面由美國登陸沖繩，準備進一步登陸日本本土，並於八月在廣島和長崎投下原子彈，這兩顆原子彈至少在五年內奪去三十四萬人的性命，其中包含了大量手無寸鐵的百姓。

在撕毀《日蘇中立條約》後，蘇聯未遵守一年之內仍有效之規定，**對滿洲發動攻擊**。約六十萬名日本人遭到俘虜，強迫送到嚴寒的西伯利亞勞改。不僅如此，蘇聯還攻擊遷徙中的日本人家族等一般平民，所造成的犧牲受害一言難盡。

在如此混亂的情勢下，日本於一九四五年八月十四日無條件投降，接受盟軍的《波茨坦宣言》，成為第二次世界大戰的戰敗國。

Column 大悲劇！東京大轟炸

一九四四年末，美軍攻取塞班島日本基地，諷刺的是，該座日本基地日後成了美軍B29轟炸機的起飛據點。

B29轟炸了日本全國各地的主要都市，而且不是集中攻擊軍需產業據點，而是採封鎖的方式，將燃燒彈如雨點般投至地面，堵住一般百姓的退路，讓他們無法逃生。

隔年三月，三百二十五架B29執行東京大轟炸，在市中心投下約三十八萬枚燃燒彈，一夜之間造成十萬名百姓喪生，全國受害規模無從計算。這樣的做法實在有違《戰爭法》的規定。

外野席 **石原莞爾的「五族和諧」理想** 九一八事變主謀——石原莞爾主張建設「五族和諧」、「王道樂土」的國家，希望居住在滿洲國的民族都能在平等的情況下互助合作，發展國家領土。他凜然主張：「新建成的滿洲並非支那的失地，也非日本的失地，而是日支兩國共同的獨立國家，各民族和諧相處的理想之國。」

從殖民統治中脫身，亞洲各國的解放與獨立宣言

解放戰爭：日本戰敗後，亞洲各國也脫離戰勝國宣布獨立。

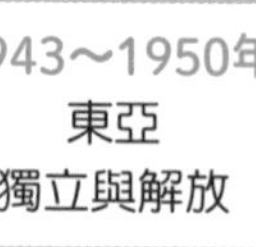

日本舉著「大東亞共榮圈」的旗幟，讓亞洲各國脫離歐美列強的殖民統治，在菲律賓、印尼、緬甸建立親日政權，並支援印尼、泰國進行解放戰爭，讓亞洲回歸亞洲人之手。

日本敗給同盟國後，亞洲各國再次回歸歐美列強的殖民統治之下，導致人民必須為獨立和民族解放而戰，再加上蘇聯的介入，情況變得更為複雜。

朝鮮原本為日本管轄，戰後在美蘇兩國的分割控制下，以北緯三十八度線為暫定國界線分為南北。南方為**李承晚總統所領導的大韓民國**，北方則在蘇聯的支持下**由金日成建立朝鮮民主主義人民共和國**。

菲律賓則落入美軍的控制之下，但因共產黨早已於農村扎根，雙方不斷進行游擊戰，情勢一直動蕩不定。法領印度支那早在一九四一年五月，就在胡志明所成立的越南獨立同盟會（Viet Minh）的領導下獨立了，但法國對此不服，之後便發展成民族解放武力戰爭。

南亞的英國領地也相繼宣布獨立。印度方面，雖然**領袖甘地主張印度統一**，但因為全印穆斯林聯盟（All-India Muslim League）的真納（Muhammad Ali Jinnah）與之不同調，導致印度分裂為以印度教徒為主的「印度」和以伊斯蘭教徒為主的**「巴基斯坦」**。**印尼則脫離荷蘭統治，宣布獨立。**

第二次世界大戰後的亞洲各國獨立狀況

Column

同盟國首領會談，商議戰後局勢

早在戰爭結束前，同盟國首領就舉辦了好幾次國際會議，決定如何安排戰後的國際局勢。

一九四一年八月，羅斯福和邱吉爾（Winston Churchill）於會談後頒布《大西洋憲章》（Atlantic Charter），決定戰後的國際秩序。之後羅斯福、邱吉爾還與蔣介石進行開羅會議，討論未來對日本的處置政策。

此外，羅斯福、邱吉爾、史達林（Joseph Stalin）在德黑蘭會議中決定登陸法國，在雅爾達會議中決定對德國的處置方式及蘇聯對日宣戰。現代的國際局勢都是由這些強國的首領「討論」出來的，簡單來說就是「老大們說了算」。

外野席 **亞洲各國的獨立**　日本從第二次世界大戰爆發開始，就用各種方式讓亞洲諸國脫離歐美的殖民統治。1943年1月，日本讓汪精衛南京政府歸還日本特權，8月緬甸獨立，10月菲律賓獨立。緊接著，日本又於印度成立「自由印度臨時政府」，並於11月舉辦大東亞會議。1945年，3月越南、柬埔寨獨立，4月寮國獨立，7月印尼獨立。

美蘇主導的戰後世界局勢——東西冷戰時代開始

聯合國的成立與兩極分裂。

1945年～
戰後世界　聯合國

一九四一年八月，第二次世界大戰爆發，美國**羅斯福總統與英國邱吉爾首相隨之頒布《大西洋憲章》，奠定戰後的國際格局和國防安全原則。**一九四四年秋天，美國、英國、蘇聯、中華民國於敦巴頓橡樹園（Dumbarton Oaks）舉行會議，**決定另組國際聯合機構取代國際聯盟**，也就是後來的聯合國（United Nations）。

為不重蹈國際聯盟無能的覆轍，聯合國係依據大會決定進行運作，**並設立安全理事會，由美國、英國、法國、蘇聯、中華民國擔任五大常任理事國，**且擁有經濟制裁、軍事行動等高度權限，用以解決國際紛爭。

除了軍務，聯合國代表還對國際經濟、金融合作方面進行協議。為復甦戰後的全球經濟，通過了《布列敦森林協定》（Bretton Woods Agreements），**設立國際貨幣基金組織（IMF）與國際復興開發銀行（亦稱「世界銀行」）**。

當時美國兵強國富，財富和兵力都遠在他國之上，聯合國在美國的大力支持下才得以成立運作，但還是必須倚靠蘇聯和國際共產主義運動的協助。這為聯合國的設置添加了幾分不穩定因素，誰也不知道這樣的平衡何時會崩解。

在美蘇雙方的角力之下，國際間發展出許多不可理喻的狀況。德國遭分割統治，位於東德境內的柏林甚至被一分為二。更奇妙的是，**蘇聯的解放軍竟成了占領軍，不容分說地在匈牙利、保加利亞、波蘭等國家成立親蘇魁儡政權，為自己建立防衛用的衛星國。**日本也差點淪為與德國相同的命運，是在美國的間接統治下才逃過一劫。

美／英／中／蘇四國主導下的戰時對策與戰後局勢

1941年8月 大西洋會議　美國 羅斯福　英國 邱吉爾
發布《大西洋憲章》，呼籲戰後民主主義與國際間的協調。

1943年1～3月 卡薩布蘭卡會議　美國 羅斯福　英國 邱吉爾
確認非盟軍的無條件投降原則等事宜。

1943年11月 開羅會議　美國 羅斯福　英國 邱吉爾　中國 蔣介石
發布《開羅宣言》，決定對日本的處置方針。

1943年11月 德黑蘭會議　美國 羅斯福　英國 邱吉爾　蘇聯 史達林
確認對德國的處置方針

1944年8～10月 敦巴頓橡樹園會議　美國 羅斯福　中國 蔣介石　英國 邱吉爾　蘇聯 史達林
基於《莫斯科宣言》（1943年）策劃國際聯合組織之構想

1945年2月 雅爾達會議　美國 羅斯福　英國 邱吉爾　蘇聯 史達林
確認對日德兩國的處置方針

1945年6月 舊金山會議　聯合國 五十個國家代表
頒布《聯合國憲章》

1945年7月 波茨坦會議　美國 羅斯福　蘇聯 史達林　英國 邱吉爾→艾德禮（Clement Attlee）
對德簽訂《波茨坦協定》，對日發布《波茨坦宣言》

Column 為何日本要制定新憲？

為解除日本的武力軍備、走向民主化，駐日盟軍總司令部（General Headquarters，簡稱GHQ）將修改日本憲法視為首要之務。他們幾次要求幣原內閣提出憲法修正案，但成果都不盡理想。由於內容皆承認天皇的統治權，不夠民主化，最後是由總司令部自己起草後交給日本政府。

新憲法草案（又稱改革案）是一群門外漢緊急趕出來的作文集。其中又以第九條最受到國際注目，內容規定日本必須放棄戰爭，不可以武力解決國際紛爭。

國防軍隊關係著國家存亡，要求一個國家不能擁有自衛軍隊，這在童話故事裡也是行不通的吧。

外野席 **日本與印度的羈絆：上野動物園的大象**　戰爭期間，日本政府擔心美軍的轟炸會破壞動物園柵欄，導致猛獸和大型動物逃出動物園、危害市民，因而下令予以毒殺。大象死亡時，大家都忍不住哭了。印度的尼赫魯（Pandit Jawaharlal Nehru）總理聽聞此消息，便送了一頭大象給上野動物園，並以自己女兒的名字將這頭大象命名為「英迪拉」（Indira），之後又送了好幾頭大象給日本。

戰爭是一種罪行嗎？GHQ的鬧劇與污點

不存在的罪名——「反和平罪」與「違反人道罪」。

1946～1948年
日本　遠東國際軍事法庭

「遠東國際軍事法庭」是日本向盟軍投降後所設立的軍事法庭，於一九四六年五月三日到一九四八年十一月十二日之間，展開了一場由贏家對輸家的公開審判。

該法庭起訴了東條英機首相等二十八名戰爭領袖，**控告他們於一九二八年一月一日到一九四五年九月二日之間「共同謀議」策劃「侵略戰爭」，「危害各國國民對和平的追求，破壞日本國民本身的權益」**。

甲級戰犯的罪名為「反和平罪」，乙級戰犯為「戰爭罪」，丙級戰犯為「違反人道罪」。二十八名戰犯中，有兩名於審判期間病逝，兩名因病免於起訴，其餘二十五名皆被判有罪，其中有七名甲級戰犯被處以極刑。

然而，該法庭的印度代表帕爾（Radhabinod Pal）法官卻認為，「違反人道罪」、「反和平罪」都是戰勝國所制訂出來的事後法，這違反了國際法，主張所有日本被告無罪（通稱《帕爾判決書》），此可謂同為亞洲人的良心發言。

日本全國各地也發起「赦免二戰戰犯運動」，共獲得超過四千萬人的連署支持。一九五二年，國會通過「戰犯受刑人釋放等相關決議」（除了勞農黨），並於隔年將被處決的甲級戰犯歸為「因公死亡」。

看完這樣的過程，各位如何思考那些被告、被處刑的「戰犯」呢？我們能做的，就只有為他們雙手合十。

GHQ主導的日本重建策略

GHQ（駐日盟軍總司令部）

施令／監督

民主化

- 教育
  - 教育基本法
  - 學校教育法
  - 民主教育男女平等
  - 教育機會均等
- 經濟
  - 解散財閥
  - 改革農地（廢除地主制度）
  - 承認工會
- 政治
  - 制定日本國憲法
  - 修改選舉法
  - 修改民法
  - 主權在民
  - 和平主義

去軍事化

- 廢除軍隊，停止軍需產業
- 開設遠東軍事法庭，追究戰爭罪行
- 廢除思想警察、特別高等警察
- 廢除治安維持法
- 天皇發布《人間宣言》

Column

麥克阿瑟：「東京審判是一場錯誤」

據說，一九五〇年十月，麥克阿瑟（Douglas MacArthur）在與杜魯門（Harry S. Truman）總統於威克島（Wake Island）會談時，曾坦言「東京審判是一場錯誤」。隔年五月，他在美國參議院的軍事外交委員會中發表了重大證詞：「大東亞戰爭是自衛戰爭。」

此話一出引發軒然大波，居然改口為非侵略戰爭，這實在太令人震驚了！

遠東軍事法庭、處決東條前首相等人的場景仍歷歷在目，結果才不到兩年的時間，就說出「東京審判是一場錯誤」、「大東亞戰爭是自衛戰爭」等言論，這是把大家當傻瓜嗎？

外野席 **《人間宣言》其實只是昭和天皇的「歲首詔書」？** 「我國仍欲成就前所未有之變革。因而率先垂範，向天地神明起誓，訂下國是（《五條御誓文》），立於保全萬民之道。希望國民也能基於此宗旨，一起團結努力。」請問這封「歲首詔書」哪裡有提到「人間宣言」？

趁戰後混亂而順勢獨立的社會主義國家

於農村地區發動土地改革，將國民黨逼至絕境。

日本確定戰敗後，便從中國大陸和滿洲撤軍，留下了廣闊的空白地帶。**為爭奪日軍留下的龐大資產、軍需物資，蔣介石的國民黨與毛澤東的共產黨雙方勢如水火，再次展開國共內戰。**

蔣介石頒布憲法，宣稱自己上任總統後，中華民國就能躋身五大國之列，與美國、英國、法國、蘇聯並駕齊驅。但他只是畫出夢想大餅，並未提出治國良策，再加上國民黨內部一如往常貪污腐敗，因而未能獲得青睞。

相對地，毛澤東提出較符合發展中國家國情的「新民主主義論」，從農村地區推動改革，獲得了廣大農民的支持，勢力一天比一天壯大。他採取「用農村包圍城市」的特殊戰略，向國民黨所盤據的城市地區進攻。

勝負結果相信大家都已經知道了。蔣介石政權被趕出中國大陸並撤往台灣，之後便以「反攻大陸」、「奪回大陸統治權」為基本國策。另一方面，**毛澤東於一九四九年九月舉辦中國人民政治協商會議，召集全國各地的支持者，宣布成立中華人民共和國。**

毛澤東擔任國家主席，周恩來則坐上政府核心首相之位，**快速施行土地分配和企業國有化政策。**中國的建國與蘇聯、德意志等先進國家的革命不同，為亞洲各國反殖民地、推動獨立戰爭的領袖提供了良好的示範，因而受到高度評價。

然而，以農立國的中國並非以重化學工業為產業基盤，所以發展一直停滯不前，直到得到先進國家在資本與技術上的援助，才開始有所成長，但之後也頻頻碰壁，這再再顯示出「一國社會主義」的界限。

兩個中國

毛澤東

共產黨

蔣介石

國民黨

1937年
第二次國共合作

第二次世界大戰結束

1945年10月
國共內戰
蔣介石率領的國民黨與毛澤東率領的共產黨開始內戰

1949年10月
建立中華人民共和國 毛澤東任主席，周恩來任首相

周恩來

1949年12月
建立中華民國政府
國民黨政府離開中國大陸，陣地轉移至台灣（蔣介石總統）

Column 邱吉爾的「鐵幕演說」

一九四六年，英國首相邱吉爾以一場演說宣告「東西冷戰時代」的來臨。

他在演說中提到，蘇聯在波羅的海到雅德里亞海之間拉下了一張「鐵幕」，明確表達出對蘇聯的不信任。

隨著朝鮮分裂、中國內部國共內戰、蘇聯將東歐納入勢力範圍，當時共產圈的攻勢可說是勢不可擋。也因為邱吉爾的這場演說，美國才會對世界各國展開經濟援助與軍事支援。

此後，世界被兩個超強大國一分為二，每個國家一定要依附美國或蘇聯，否則就無法存活。在這場角力中，日本加入了以美國為盟主的自由主義陣營。

外野席 **「南京大屠殺」的爭論** 一般認為日軍在南京大屠殺中大量虐殺中國平民百姓，但其實，要在短短幾天內殺害三十萬人並非易事，當時的日軍應該沒有如此能耐。有一說認為，共產黨多採游擊戰，士兵並非穿著軍服，而是以便衣作戰，所以在旁人的眼中看來，就像日軍在攻擊一般百姓，仍存在許多圍繞在犧牲者數量、是否違反戰爭法等的爭論。

美、日與蘇、中的激烈衝突

日本戰後東山再起的關鍵——韓戰。

1950年
韓戰

隨著東西雙方的對立愈發激烈，南北韓分裂統一的問題也日趨嚴重，各國間的矛盾有如火山爆發般噴濺四射。

一九五〇年六月，北韓（朝鮮民主主義人民共和國）的武裝軍隊越過北緯三十八度停戰線，大舉入侵南方的大韓民國，以銳不可擋之勢往朝鮮半島南端進攻。**聯合國安全理事會認定北韓此舉為侵略行為，立刻以美軍為中心，派遣聯合國軍至韓國。**

聯合國軍將北韓軍隊趕回三十八度停戰線，一路追擊至中國國境。此時**中國共產黨派出中國人民志願軍援助北韓**，與北韓軍隊匯流後，對聯合國軍展開反擊，形成一進一退的膠著戰況。

正當兩軍在三十八度停戰線處膠著時，**支持北韓方的蘇聯提議和談**。南北韓因此於一九五三年七月**簽訂停戰協定，雙方依舊以三十八度線為停戰線和分界線**。德國的柏林圍牆雖然倒塌了，朝鮮半島的三十八度停戰線卻存留至今，等同於雙方的國境線。

韓戰爆發的同時，美國於日本設立名為「警察預備隊」的半軍隊組織，隔年與日本簽署《舊金山條約》（Treaty of Peace with Japan），倉促讓日本獨立之餘，又**與日本簽署《日美安全保障條約》，將日本作為後方基地，以加強亞洲防衛。**

在美國的張羅下，日本終於恢復主權，以獨立國家之姿重新出發。《日美安全保障條約》是以重建戰後日本為基本方向，日本也全心投入經濟復興工作，做出不同凡響的驚人成績。然而，戰後七十幾年的今日，朝鮮半島又再度成為足以動搖世界史的軍火庫。

這次，日本會做出什麼樣的對應與決策呢？

韓戰發展過程

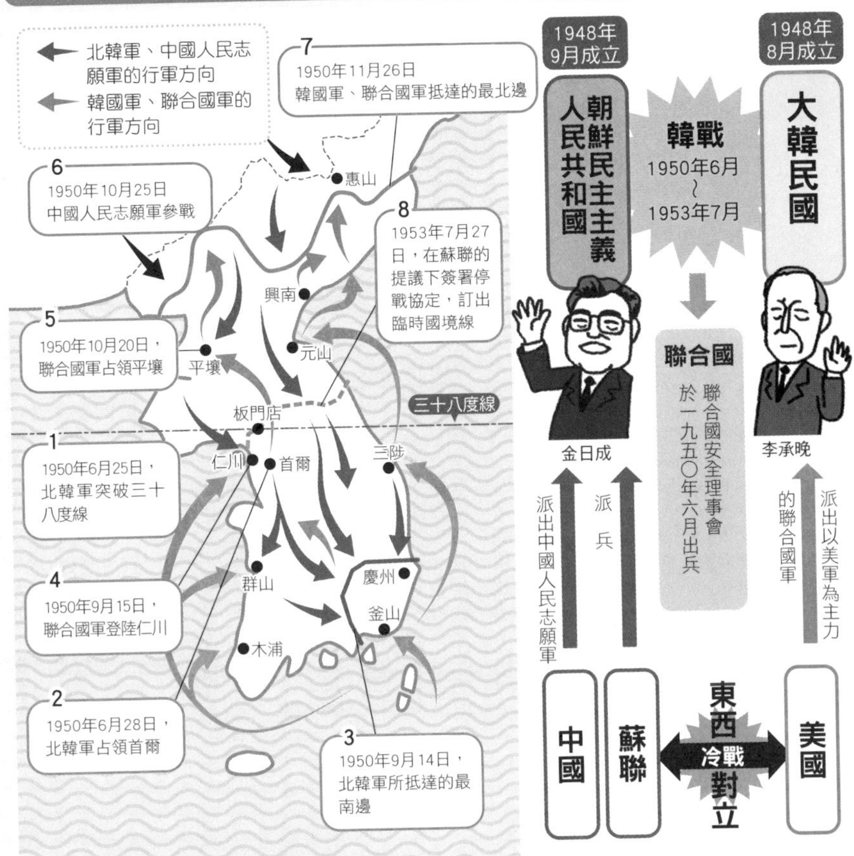

Column 自衛隊的誕生與吉田茂的決斷

一九五二年《舊金山條約》生效後，日本恢復獨立，吉田茂內閣立刻推動經濟復興政策，並增強自衛隊戰力。

同年，日本政府將警察預備隊改為保安隊，並新設立海上警衛隊。兩年後，日本接受美國的軍事和經濟援助，強化自衛能力。

有了保安隊和海上警衛隊後，日本進一步設立航空部隊，成立自衛隊、新設防衛廳。和平條約簽後不久，美日也簽訂《日美安全保障條約》（簡稱安保條約），由日本提供美國駐軍基地，駐軍費用則由雙方分擔。

外野席 **慰安婦銅像的設立問題**　2016年12月28日，有團體於釜山日本大使館前設立「慰安婦銅像」，又在同一天遭到釜山當局移除。此舉引來大批韓國民眾抗議，使得釜山當局政策大轉彎，突然又同意設立銅像。日本政府為此向韓國政府提出抗議，召回駐韓大使長嶺安政，並暫停重啟日韓貨幣互換協議，但問題至今仍未獲解決。

1956年～
東歐世界
民主化鬥爭

脫離蘇聯統治，為民主獨立而戰

赫魯雪夫和平共處政策的產物：東歐之春。

一九五六年二月，時任第一書記的**赫魯雪夫**（Nikita Khrushchev）**於蘇聯共產黨第二十次代表大會中提出和平共處路線**，打算緩和蘇美之間的緊張關係，終結東西冷戰時代。他批評**史達林時代長久以來**的個人崇拜以及不當的打壓與處決，明確表達出對自由的追求。

赫魯雪夫的發言動搖了蘇聯對外傳統策略的根基，**對那些被迫活在蘇聯陰影下的東歐國家造成了意外的影響**。東歐掀起了一波民主獨立運動風潮，沉浸在有如春天到來般的狂喜之中。

一九五六年六月，波蘭人於波茲南（Pozna）發起運動，要求改善生活和民主化。四個月後，匈牙利也發生抗蘇示威活動，隨後發展成全國性的反蘇暴動。起初蘇聯改組匈牙利政府，讓民眾看到一絲自由化的希望，但終究是南柯一夢。

之後蘇聯直接派出軍隊介入，以坦克鎮壓自由獨立運動，逮捕並處決匈牙利總理伊姆雷（Nagy Imre）。最後的結果證明，赫魯雪夫那些和平共處、崇尚自由的言論，只不過是嘴上說說罷了；蘇聯用坦克摧毀了匈牙利國民的自由，戰後的世界體制並未因此出現改變。

就事實來看，蘇美兩國在科學技術方面暗自較勁，爭相開發洲際彈道飛彈（ＩＣＢＭ）、發射火箭，可見赫魯雪夫說那些話，只是在吸引**美國用地下談判或直接對話的方式與蘇聯交易**。之後美國的艾森豪（Dwight D. Eisenhower）總統與甘迺迪（John F. Kennedy）總統相繼做出對應措施，而蘇聯真正走向民主則是更之後的事了。

戈巴契夫（Mikhail Gorbachev）即將登場。

反蘇暴動及其鎮壓

1953年

史達林去世

1956年

第一書記赫魯雪夫於蘇聯共產黨第二十次代表大會上批判史達林，蘇聯出現「解凍」態勢。

反蘇暴動

波蘭

拒絕蘇聯軍隊介入，自行解決國內問題，是為邁向自由的第一步。

匈牙利

蘇聯直接派兵介入。總理遭處刑，維持原來體制不變。

1968年

捷克斯洛伐克發起自由化運動

蘇聯等華沙公約組織派兵介入鎮壓

赫魯雪夫

Column 匈牙利暴動後播下的種子

蘇聯出動坦克鎮壓匈牙利暴動後，東歐再次陷入一片沉默，靜靜等待下一波浪潮。

中蘇交惡浮上檯面後，阿爾巴尼亞於一九六一年與蘇聯斷交，羅馬尼亞則自成一格，開始反抗經濟互助委員會（Council for Mutual Economic Assistance，簡稱COMECON）和華沙公約組織。

一九六八年，捷克斯洛伐克為追求自由民主與蘇聯撕破臉，展開「布拉格之春」運動。這個消息傳遍了全球，但最後還是被摧毀於蘇聯坦克的輪下。

雖經歷一時失敗，現在東歐各國都沐浴在自由之春當中，歌頌他們得來不易的自由。

外野席 **首位對史達林開砲的政治人物：赫魯雪夫**　1956年2月，第一書記赫魯雪夫於蘇聯共產黨第二十次代表大會上，連名帶姓地批評史達林，為全世界投下了一顆震撼彈。他罵史達林無視列寧的多頭領導體制，未召開黨代表大會和中央委員會，大量槍殺反對派人士，一味推動個人崇拜，就此拉開蘇聯「解凍」的序幕。

志在統合的西歐各國心願，推動經濟合作措施

戰後的西歐世界：從復興到統合。

1967年～
西歐統合

一九五二年，在法國外交部長舒曼（Robert Schuman）的提議下，法國與西德、比荷盧聯盟（Benelux）、義大利**組成歐洲煤鋼共同體（ECSC）**，此後歐洲各國便開始進行各種整合。

一九五八年，歐洲成立**歐洲經濟共同體（EEC）和歐洲原子能共同體（EURATOM）**，讓會員國彼此互惠關稅、資本與勞力可自由移動，並推動商業和農業的共同政策。

一九六七年，**歐洲將前述三個組織合併為「歐洲共同」（EC）**。法國因此信心大增，在繼美國、英國、蘇聯之後，成為全球第四個核子武器擁有國，並採取特異獨行的外交方針。

一九六四年，法國承認中華人民共和國，並於一九六六年拒絕接受北大西洋公約組織（NATO）的軍事調遣。然而，一九六八年的一場五月風暴讓戴高樂引退，法國的獨特外交也以失敗告終。

英國未參加歐洲經濟共同體，並於一九六〇年另組「歐洲自由貿易聯盟」（EFTA）與之對抗，但完全不是前者的對手，被逼得自行宣布英鎊貶值，之後才在一九七三年與冰島、丹麥一同加入歐洲共同體。

戰爭結束後，美國施行**杜魯門主義（Truman Doctrine）**，阻擋共產主義滲透至希臘和土耳其；歐洲各國則努力復興經濟，西歐逐漸走向整合與統一。不過，如今英國退出歐洲共同體，又為歐洲帶來一場全新的考驗。

究竟誰會是歐洲統合的最後贏家呢？

兩個世界：馬歇爾計畫與共產黨和工人黨情報局

共產黨和工人黨情報局
（Cominform）

1947年10月，以蘇聯為首的九國共產黨為與馬歇爾計畫抗衡，組成共產黨和工人黨情報局。

南斯拉夫因接受馬歇爾計畫的援助而遭除名。

1949年東德加入。

馬歇爾計畫
（歐洲復興計畫）

1947年6月，美國國務卿喬治·馬歇爾（George Marshall）提議向因戰疲弊的歐洲各國施以經濟援助，整頓抗蘇體制。

此計畫於1948年～1951年之間實施，末期時軍事同盟色彩濃厚。

Column
歐盟的單一貨幣——歐元的功與過

一九九九年，歐洲共同體實現了長期以來的夢想，發行單一貨幣「歐元」，此舉無疑是歐洲統合與統一的象徵。

二十年後的二〇一九年一月，歐洲聯盟（EU）總部歡天喜地舉杯慶祝：「這二十年來，歐元為我們創造了繁榮與安定。」

但有人認為，對某些國家而言，統一貨幣並未創造預想中的利益，甚至拉開了國與國的經濟落差，希臘的債務危機就是個例子。

歐洲的統合與統一目前為功過各半，誰也無法保證之後不會再度發生分裂抗爭。

外野席 **超國家組織：歐洲共同體** 歐洲共同體為一超國家組織，各會員國雖未移交權力，但還是以歐洲整體規模推行了不少互助合作措施，第一是經濟合作，第二是政治合作，第三是刑事司法合作。不過，這些合作都是名目而非實質權限，之後會如何發展，讓我們繼續看下去。

抵美抗蘇，原住民的民族獨立抗爭

不遜於法國！戰勝超大國的自主獨立國家。

1960～1973年
越南　獨立戰爭

越南分裂成北越與南越後，於**一九六〇年展開獨立戰爭，打算讓南北再度統一**。南方接受北方（越南民主共和國）的支援，成立南越民族解放陣線，展開一系列的活動。

與朝鮮半島的南北對立不同，越南是南北雙方解放陣線合而為一，雙方緊緊綁在同一條紅線上。因基地營在北方，南方的地下組織是以「胡志明小徑」（Ho Chi Minh Trail）這條縱向祕密通道暗地裡與北方聯繫。

南越的美國魁儡——吳廷琰政權在政變中垮台後，解放陣線的勢力迅速擴張，南越的解放與獨立只是時間早晚的問題。震怒的美國開始轟炸北越，南方亦動員五十萬兵力，對抗解放陣線的游擊部隊。

此時的越南遍地戰火，叢林村落皆是作戰地點，士兵百姓、男女老少皆為攻擊對象。美軍雖擁有最新兵器，但解放陣線的游擊士兵頭戴斗笠、腳穿草鞋的作戰方式完全超乎了他們的認知。

最後，美國陷入苦戰，只好停止轟炸北越，與之和談。這場戰爭從詹森（Lyndon B. Johnson）總統一直延續到尼克森（Richard Nixon）總統，美國才終於撤軍。一九七五年四月，北越軍隊與解放陣線占領南越首都西貢，於隔年完成統一。

若把戰前的反法抗戰也算進去，**越南抗爭了超過半個世紀來脫離殖民統治，達成民族解放**。

越南的獨立之路

1945年9月 成立越南民主共和國（胡志明為總統）

1946年12月 印度支那戰爭開始

1949年6月 法國建立越南國（保大為元首）

1954年7月 《日內瓦協定》結束印度支那戰爭，南北以北緯十七度線為界

1955年10月 越南國元首吳廷琰建立越南共和國，保大主席遭流放（吳廷琰就任總統）

1960年12月 越南共和國人民接受越南民主共和國的援助，組成南越民族解放陣線

1965年2月 美國轟炸北越，越南戰爭開始

1973年1月 簽署《巴黎和平協約》（Paris Peace Accords），美軍開始撤離越南共和國

1976年7月 建立越南社會主義共和國，完成統一大業

Column 胡志明與滯越日本兵

日本戰敗後，一些滯留在越南的日本兵便到越南獨立同盟會所經營的軍校擔任教官，而越南獨立同盟會正是由胡志明所創建。

比方說，印度支那駐屯軍參謀——井川省少校就擔任戰鬥指揮、夜間戰鬥訓練等技術戰術教官，他的部下也與越南獨立同盟會合作，光是有姓名紀錄的人就多達七百六十多名，相當於一支大型部隊，但未有戰鬥紀錄。

據說在蘇聯和中國共產黨提供武器軍事支援之前，一些來不及逃走的法軍下級軍官也與滯越日本兵一同擔任教官，且舊日軍也加入了越南獨立戰爭，但後續就不得而知了。

外野席 **日本人與越南人**　我認為越南人和日本人其實很像，彼此相當合得來。絕大多數的外國人都信奉個人主義，但越南人以公共精神為尊，注重人與人之間的協調性。他們敬重年長者，善待老人，個性專注，擅於處理細節。人民心精手巧，勤奮努力，有很多值得我們學習的地方。

讓社會主義跌落神壇的戈巴契夫傳奇

經濟改革的衝擊：矯正經濟亂象，重拾社會彈性。

1985年～
蘇聯改革重建

一九八五年三月，戈巴契夫當選蘇聯共產黨總書記後，突然高喊要推動「開放政策」。布里茲涅夫（Leonid Brezhnev）逝世，安德洛波夫（Yuri Andropov）已故，契爾年科（Konstantin Chernenko）也走了。這些老領導人相繼離世，終於輪到年輕的戈巴契夫大顯身手。

當時蘇聯經濟體系嚴重停滯，戈巴契夫認為唯有認清現實才能打破現狀，所以才高喊「開放」。之後他看準時機推動**「改革」**，而這也是戈巴契夫的真正目的。

就在這時，烏克蘭發生了車諾比核事故。這場事故突顯出蘇聯經濟體制在官僚主義下的缺陷，包括管理體制和粗糙的處理方式。這讓蘇聯認清了改革的必要性，以及當下最至關緊要的課題。

於是，改變社會結構成了蘇聯的當務之急。**蘇聯結束共產黨獨裁，採用複數候選人的選舉制度，用選舉產生聯邦人民代表大會、最高蘇維埃，並於九〇年代改採總統制**，選出第一任總統戈巴契夫。

最關鍵的產業經濟結構方面，戈巴契夫一改過去的共產黨獨裁、過度集中、中央指揮等形式，不惜引發混亂也要推動市場經濟，以供需原則進行經濟活動。戈巴契夫挺身改革，希望能藉此消除蘇聯長久以來的不合理、修正錯誤，將國家導向正軌。

戈巴契夫將這把改革之火交到葉爾辛（Boris Yeltsin）手中，之後又傳給普丁（Vladimir Putin）。無奈如今這把火已然熄滅，舊蘇聯似乎正在復活。

戈巴契夫的蘇聯改革

戈巴契夫

葉爾辛

普丁

1968年～1986年

繼安德洛波夫、契爾年科之後，戈巴契夫就任共產黨總書記。

推動開放政策，提出言論自由

推動改革，全面重整政治經濟與社會體制

1988年～1990年

對蘇維埃型民主主義進行修改，採用複數候選人的選舉制度，用選舉產生聯邦人民代表大會、最高蘇維埃。

改採總統制，讓領導人手握大權，戈巴契夫順勢就任總統。

Column 戈巴契夫的繼任者——葉爾辛與普丁

戈巴契夫總是笑容滿面，擁有能為人帶來幸福的面相，是個跟笑容很搭的紳士。

至於葉爾辛，不知道為什麼他總是怒氣沖沖，暴跳如雷，而且酒不離身，是個眾所皆知的酗酒人士。

那麼普丁呢？他喜歡柔道和冬泳，給人一種誠實耿直的感覺。但其實，他曾是國家安全委員會（KGB）的祕密情報員。嗯，確實不難想像。

蘇聯已然解體，但現在的俄羅斯卻不斷出現類似舊俄羅斯帝國的共同體。如今戈巴契夫應該無法東山再起了吧，真是令人惋惜。

外野席 **「蘇聯」的正式名稱** 因蘇聯已經解體，很多人都不知道它的正式名稱。「蘇聯」其實是「蘇維埃社會主義共和國聯盟」的略稱。他們排斥代議民主，以勞工組織蘇維埃（勞農委員會）為基礎單位，層層相疊到最高單位。但事實上，蘇維埃至始至終都在共產黨的控制之下，從未發揮過作用，蘇聯一直都是獨裁國家。

柏林圍牆倒塌與東西德的統一

東西冷戰之牆拆除的後續課題。

1989年
德國
東西德的交流與統一

一九八九年十月，東德的德國統一社會黨總書記——何內克（Erich Honecker）突然遭到開除，理由是有許多東德國民搬到西側並要求改革，但何內克卻無法平息眾怒。**十一月，東德在國民的強烈要求之下，被迫開放「柏林圍牆」**。

柏林市民欣喜若狂，狂歡舞動，紛紛拿出鐵鎚敲碎圍牆，爬上圍牆跳到對面，現場充滿了感動與喜悅。全球人民幾乎不敢相信自己的眼睛，一同見證了這場「柏林奇蹟」。

之後東德「兩德統一」的呼聲愈來愈高，政府於一九九〇年春天舉辦自由選舉，結果由主張「儘早統一」的保守黨——德國同盟獲得壓倒性的勝利。**兩德隨後與美國、英國、法國、蘇聯舉辦外交會議，通過貨幣、經濟、社會組織等統合手續**。

兩德統一是以西德吸收東德的形式進行，但因雙方分裂對立超過半個世紀，以至於留下難以抹滅的裂痕，要填補這段經濟落差和文化隔閡並非一件簡單的工作。

但兩德的情況還算好的，至少東德還有西德這個強而有力的夥伴。相較之下，匈牙利、捷克斯洛伐克、保加利亞、羅馬尼亞、波蘭等東歐國家就沒這麼幸運了，他們只能自力更生。南斯拉夫甚至因為地區和民族的對立引發內戰，至今尚未重建完成。

德國和東歐國家的改革都有一個共通點，那就是走向「非共產化」，這些國家在更改國旗時，都去除了紅色星星與鐵鎚鐮刀等共產主義的象徵圖示。

德國的統一之路

1933年	1945年	1948年	1949年	1961年	1971年	1989年	1990年
納粹獨裁政權建立第三帝國	戰敗後遭同盟國占領	柏林封鎖	建立德意志聯邦共和國（西德）與德意志民主共和國（東德）	東德修築柏林圍牆	何內克於東德建立政權	何內克下台東德解放柏林圍牆	西德吸收東德，兩德統一

東西分裂

再度統一

Column 波蘭自治工會：團結工聯

一九八〇年，波蘭國民發動抗議政府的罷工行動。大批勞工加入華勒沙（Lech Wałęsa）議長所領導的自治工會──「團結工聯」，改革運動擴大至全國規模。

隔年，波蘭政府頒布戒嚴令，並對「團結工聯」進行打壓，但此時的工會已非政府的囊中物，只能以修憲施予懷柔政策。之後華勒沙議長參選總統，果然成功當選，坐上政府中樞的大位。

蘇聯在東歐國家以武力和恐怖統治維持社會主義的地位，但其實早在這個時間點，東歐的社會主義就已是有名無實。那些標榜著社會主義的反社會勢力，也已是夕陽餘暉。

外野席 「史上最棒的口誤」　1989年11月9日，東德政府通過修法放鬆出境限制。記者會上有人問到：「新制何時生效？」政府發言人一時口誤答道：「馬上。」但實際上是隔天才生效。之後發言人才知道自己搞錯了時間，堪稱「史上最棒的口誤」。

曾導入市場經濟制度賺取美元，「世界工廠」的現況是？

因國際金融中心「香港」而起的金融攻防戰。

2020年
中國
經濟發展與中美關係

中國總理李克強於二〇二〇全國人民代表大會（全人代）的會後記者會上發下豪語：「我們會實現今年中國經濟正增長。」問題是，這句話真的可信嗎？

一場文化大革命讓中國的經濟與社會陷入大混亂。文化大革命的最後一年（一九七六年），中國國內生產毛額（GDP）曾一度下跌到只剩負百分之一點六。**在鄧小平的領導下，中國引進外國資本**、設立經濟特區，並導入市場原理、開放自由交易，**但仍堅持共產黨的一黨獨裁體制**，推行中國特有的「社會主義市場經濟制度」。

企業開始彼此競爭後，中國經濟也隨之活絡了起來，連連創下歷史新高，更在二〇一〇年超越日本，成為僅次於美國的全球第二經濟大國。鄧小平提倡「先富論」，認為應讓一部分人、部分地區先富起來，帶動整體經濟，達到共同富裕。

在那之後過了四十年，中國經濟真的如願發展了嗎？

李克強總理有段話說得很誠實：

「有六億人每個月的收入只有一千元（約台幣四千五百元），一千元在一個中等城市可能租房都很困難。」這段話在中國社群網站引發軒然大波，大家都說：「終於有人說實話了。」

如今中國貧富差距懸殊，政策偏重大型國有企業，對民營企業的控制與管理愈發嚴格，這與鄧小平當初設想的市場經濟背道而馳。像《香港國家安全法》這種一味加以管束的做法，簡直令人看不到未來。

習近平國家主席展開獨善其身的外交政策，對中國周邊地區傲慢自大地耍大牌，與美國針鋒相對，說「中美戰爭」已然開打也不為過。這樣下去真的有未來嗎？

中華人民共和國的足跡

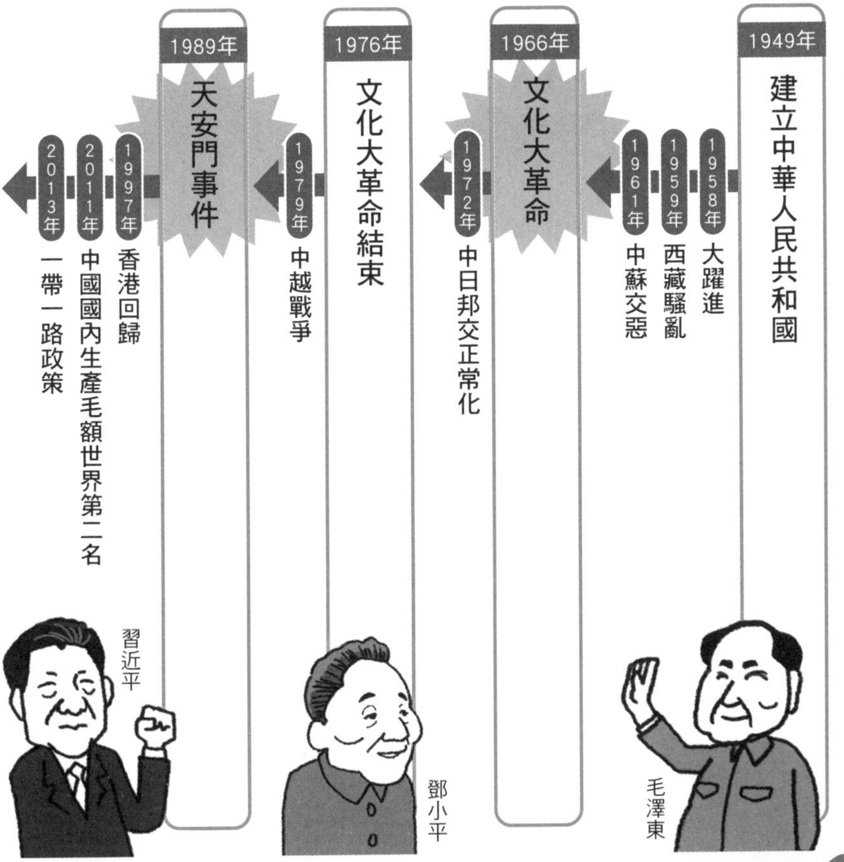

1949年 建立中華人民共和國
1958年 大躍進
1959年 西藏騷亂
1961年 中蘇交惡

1966年 文化大革命
1972年 中日邦交正常化

1976年 文化大革命結束
1979年 中越戰爭

1989年 天安門事件
1997年 香港回歸
2011年 中國國內生產毛額世界第二名
2013年 一帶一路政策

毛澤東
鄧小平
習近平

Column 香港與美中拉鋸戰

為了香港，中國共產黨與美國川普政權之間的樑子可說是愈結愈深。

《香港國家安全法》剝奪了香港市民的自由，使整個香港陷入共產主義特有的恐怖統治之中。香港是國際金融中心，一場以香港為中心的冷酷競爭就此展開。

在香港設立據點的英國大型金融資本——匯豐銀行已表態支持《香港國家安全法》；美國摩根史坦利（Morgan Stanley）接下了中國股市的主辦行職務，忙著買賣股票，感覺無暇關心市民死活。

只能說，商場無情。

外野席 **習近平不小心說出真心話？** 中國對香港的統治政策引發全球批評，對此習近平表示，三權分立是西方（自由主義陣營）的體制，中國則是一貫體制。他用了「西方」這個詞，又說中國的立法、行政、司法是一貫而成，這是否無意間承認了中國是個獨裁國家呢？

「美國優先」與重新編制戰後的局勢

擦亮眼睛重新評估，承認過去二十年來對中政策失誤的美國。

二〇一七年一月，七十歲的**唐納．川普**（**Donald Trump**）**就任美利堅合眾國第四十五任總統**，成為美國歷任最高齡的總統。不只年齡大，他的氣勢也很強，**其主張的「美國優先」**（**America First**），在全球掀起話題。

很快地，顧問公司歐亞集團（Eurasia Group）便將「獨立的美國」（Independent America）列為全球十大風險之一。該報告寫到，一直以來美國霸權維護了全球的軍事安全和貿易，推動價值、扮演世界經濟的防火牆角色，然而**這樣的「美利堅治世」（美國主導下的和平）即將終結**。

美國曾憑藉傲人的財富與軍力維持戰後的世界秩序，這樣的時代即將結束。若今後沒有國家替美國主導這一切，全球很有可能會陷入混亂與對立的泥沼。更糟糕的是，蘇聯體制垮台後，中國共產黨日漸崛起，承襲了原本蘇聯的角色。

美國意識到，中國已從「一同分享利益的夥伴」轉變為競爭對手，甚至是敵人，因而重新檢討美國的對中政策（美國白宮於二〇二〇年五月二十日發布的《美國對中華人民共和國的戰略方針》（United States Strategic Approach to The People's Republic of China））。

上述戰略方針也提到，中國打算利用自由國際秩序，將世界轉換為對自己有利的局勢，所以美國將改變對中國的戰略方針。**美國國務卿蓬佩奧（Mike Pompeo）也明確表示，世界並非在美中之間做選擇，而是在自由和暴政之間做選擇**。

美國政府接連祭出許多果斷的抗中政策，可見他們並非紙上談兵，情況不容樂觀，日本也該有所準備了。

美俄中三角關係

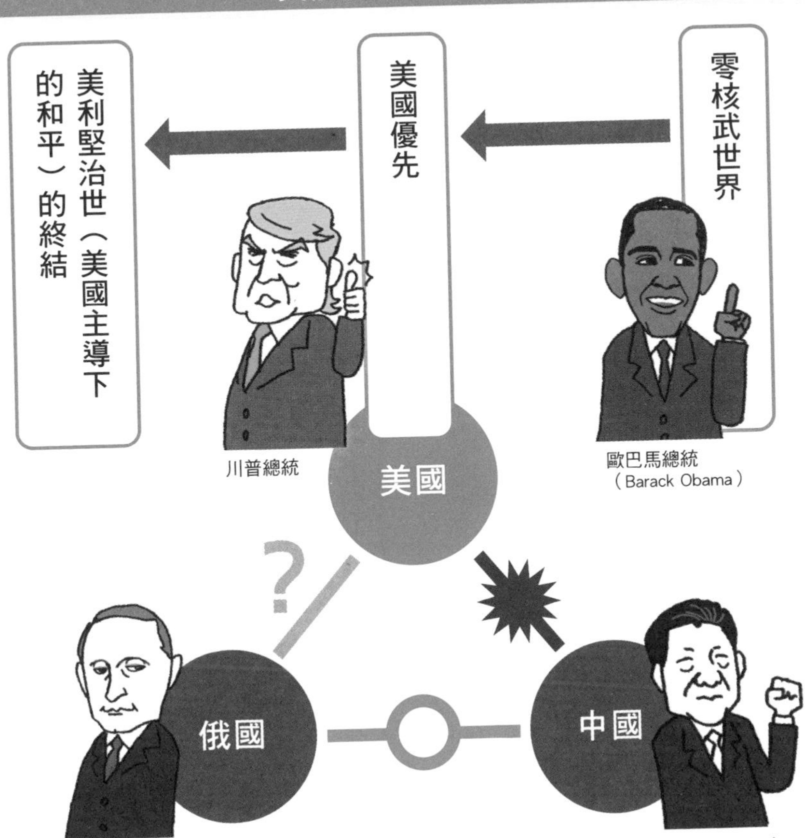

Column

期望日本能轉換策略，追求國家利益

歐巴馬民主黨政權在《二〇一五年國家安全戰略》中僅提到「合作與注視」，相較之下川普政府勇於承認美國對中政策的錯誤，實在值得讚許。

川普總統將中國視為敵手，指責中國「企圖打造與美國的價值利益完全相反的世界」。在這樣的情況下，某些國家還在考慮要不要以國賓之禮接待習近平主席，跟美國的態度有如天差地別。

日本應效仿美國政府，徹底檢視過去的對中政策，找出問題點，寫成「報告書」。這可是與日本的國家命運息息相關。

外野席 **日本優先！！** 自日清戰爭、日俄戰爭開始，美國就將日本視為敵人。美國兼併夏威夷、占領西班牙後，對中國望穿秋水。他們對日本的滿洲政策不以為然，想要取而代之，雙方因而爆發太平洋戰爭。問題來了，為何美國會在韓戰之後跟日本保持友好呢？因為美國要利用日本，作為他們對抗共產主義的防火牆。

金正恩的豪語：「用核武的威懾力守護國家！」

用飛彈建設國家？在沉重的國內危機中開發核武。

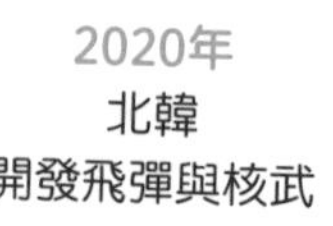

二〇二〇年八月二十七日是韓戰停戰協定的六十七週年紀念日。根據朝鮮中央通訊社報導，**朝鮮勞動黨委員長金正恩於當日的演說中提到**：「核子武器的威懾力將永遠為我們國家的安全與未來提供堅固的保障。」

美國與北韓間的非核化談判已完全陷入僵局，在這樣的情況下，北韓自認唯有表態不放棄核武，才能守住國家的安全與未來。北韓仗著背後有國家支持他們開發飛彈與核武，才能如此虛張聲勢，但無論如何，這一切只是時間的問題罷了。

為什麼呢？因為最近北韓開始流出國內的實際狀況。據說，金正恩破例在黨中央委員會承認北韓經濟的失敗，展開一場黨與政府高官的「檢討接力賽」（朝鮮勞動黨黨報《勞動新聞》）。

道黨委員長朴昌浩因黃海北道發生大規模水災而向金正恩道歉：「抱歉讓我們的元帥走泥路」；張姓化學工業和金姓金策製鐵聯合企業所負責人也自責表示：「抱歉未能達成您的使命。」之後也有好幾個人站出來道歉。

以往若碰到這種情況，北韓只會肅清幹部殺雞儆猴，但這次卻罕見由首領自行承認失敗、幹部出來數落自己的錯誤，這可是史無前例。一位脫北人士認為，北韓這麼做代表狀況相當嚴重，他表示：「以前只要抓代罪羔羊就能騙到北韓人民，但現在人民已經沒有那麼好騙了，所以北韓才會這麼做。」

今後北韓的動態值得注目。

北韓歷年領導人

1948年

建立朝鮮民主主義人民共和國

第一代最高領導人
金日成
1948～1994年

第二代最高領導人
金正日
1994～2011年

第三代最高領導人
金正恩
2011年～

1950年 韓戰

1953年 韓戰停戰

1993年 退出《核武禁擴條約》

1993年 開始試射飛彈

2000年 南北韓高峰會

2002年 日本韓國會談

2006年 重啟核武實驗

2018年 南北韓高峰會

2018年 美國北韓首腦會談

Column

罪無可赦！北韓擄人問題

美國商人金東哲（Kim Dong Chul）曾遭北韓綁架囚禁，他在接受日本《產經新聞》專訪時，表示曾在北韓見過被綁架過去的日本人。

「我知道北韓有很多移居過去的在日朝鮮人及他們的日本配偶，但沒想到居然還有其他的日本人。」、「很多人表示遭北韓甜言蜜語誘騙，讓他們誤信在北韓可以受到良好的待遇，但到了北韓才發現不是這麼一回事。」

金東哲強調，只要北韓境內還有一個被剝奪自由的日本人，日本政府就應該設法予以救援。這是當然！日本政府一定會跟美國一樣全力營救！

外野席 **中國決定的國號：「朝鮮」** 自古以來，朝鮮的國政就處處得看中國臉色。十四世紀李成桂建國時，明朝要求他上報國號，李成桂擬定「朝鮮」和「和寧」（李之出生地）二名，最後明朝選了前者。之後朝鮮就成了「朝鮮」，並使用明朝的年號。請問朝鮮是中國的一州嗎？還是殖民地呢？

87 漂泊的韓國：與日、美告別，尋求中國的救助

韓國的恩將仇報式外交，以及悄然與之靠攏的中國共產黨。

二〇二〇年對韓國而言是一大轉折點，已經沒有人能阻止他們了。

八月底，韓國總統府的國家安保室長徐勳與中國外交高層兼中央政治局委員楊潔篪在釜山碰面，表示希望**為中韓的策略夥伴關係開啟新階段**，並強調兩國在新冠肺炎對策上的合作堪稱「國際表率」。

在這場晤談之前，中國駐韓大使邢海明就曾會見韓國統一部長官李仁榮，強調**「中韓一心」**，並承諾中國會協助南北關係的進展，這對中國亦是有利。

前陣子，美國總統特使哈里曼（William Averell Harriman）才向李仁榮強調，美韓應以北韓非核化為目標加強合作，並叮囑韓國應在美韓合作的框架下推動南北韓交流，但韓國似乎沒有聽進去。他們無意加重美軍駐韓預算，對印度、太平洋戰力似乎也不感興趣。

文在寅政權與日美兩國切割清算，欲促成中國習近平國家主席訪韓，但韓國國內的傳統保守勢力對此出現批評聲浪，看來他似乎打錯了如意算盤。

韓國的《朝鮮日報》在一篇社論中提到：「倘若外交失衡、一味偏向某一陣營，對方就會食髓知味，要求愈來愈多，到時我方就只能不斷讓步。」

若只想要坐享其成，這樣的做法是否不太符合獨立國家之名呢？建議韓國應當三思而後行，以免下錯棋，將國家發展推向難以挽回的頹勢局面。

韓國歷代總統與南北外交

1948年 建立大韓民國

主要總統

屆	總統	年	事件
第1屆	李承晚	1950年	韓戰
		1952年	劃定李承晚線
第5～9屆	朴正熙	1965年	《日韓基本條約》
		1972年	《南北共同聲明》
第11～12屆	全斗煥	1984年	全斗煥總統訪日
第13屆	盧泰愚	1991年	《南北基本合意書》
第15屆	金大中	2000年	南北會談、《南北共同宣言》
第17屆	李明博	2008年	南北韓高峰會
第18屆	朴槿惠	2013年	韓國第一位女性總統
第19屆	文在寅	2018年	南北會談、《板門店宣言》

Column 忍耐是有極限的

在「徵用工訴訟」中，韓國最高法院判決新日鐵住金（現為日本製鐵）必須對二戰時期強徵的韓國勞工進行賠償，大邱地方法院浦項分院批准扣押新日鐵住金在南韓的國內資產。如今已過了「公示送達」的八月四日期限，不知道資產現金化進度如何了呢？

韓國無視國際協定，以自家司法判決為優先，這樣的行為會否可能帶來作繭自縛的後果呢？

如今日本正在擬定抗議策略，包括扣押韓方資產、提高進口關稅等，預計施行的措施甚多。國家在決策前實在應先考慮後果。

外野席 **李承晚，跑得快**　李承晚是韓國的第一屆總統，也是個經常與議會衝突交惡的獨裁者。他擅自在日本海劃定「李承晚線」，引發日韓紛爭，卻在韓戰爆發兩天後臨陣脫逃出首爾，棄國民於不顧。他逃跑的故事至今仍是人們茶餘飯後的話題。

脫離歐盟是英國沒落的開始？

國內生產毛額萎縮百分之二十點四，創下一九五五年後最大跌幅。

2020年
英國　脫離歐盟

二〇一六年六月二十三日，**英國實施去留歐盟的公投**，結果有百分之五十一點九的人贊成脫歐，以些微差距險勝反對票。但在公投之後，程序遲遲沒有進展，在延期三次後，英國終於在二〇二〇年**一月三十一日晚間十一點正式退出歐盟**。

「英國脫歐」的英文為「Brexit」，為「British」（英國）和「exit」（退出）的合成詞。雖然這個詞並無雙關語之意，但解釋為「英國出局」也不為過。當初支持英國退出歐盟的人宣稱，這麼做可節省歐盟會費的支出成本，促進經濟發展、發展自由貿易，使英國景氣上升。但實際上又是如何呢？

二〇二〇年四～六月的英國國內生產毛額（GDP）較前期減少了百分之二十點四，是世界主要國家中跌幅最大的一個。雖說有新冠疫情影響，但再怎麼說，還是創下了一九五五年後的最大跌幅（日本產經新聞）。換算成年率為降低百分之五十九點八。相較之下，日本降低百分之二十七點八，美國降低百分之三十二點九，歐盟圈降低百分之四十點三，英國的跌幅是這些數字中最高的。

就數字來看，**英國在退出歐盟後景氣衰退**，與歐盟的貿易談判進展遲緩，二〇二〇年內必須了結的經濟活動也陷入一片混亂，甚至傳出實際狀況有如「無協議脫歐」（'No-deal' Brexit），英國產業界也開始轉移到德國等地。

不僅如此，蘇格蘭也透露出獨立之意，北愛爾蘭也可能與愛爾蘭合併。若真發展至此，英國就會成為**「小不列顛」**。事情迫在眉睫，大英帝國的榮光很有可能日漸式微。

英國脫離歐盟

2016年6月
卡麥隆（David Cameron）首相
公投決定「脫離歐盟」

2017年3月
梅伊（Theresa May）首相
正式發表脫歐聲明

2020年1月31日
強森（Boris Johnson）首相
脫離歐盟

蘇格蘭
北愛爾蘭
英格蘭
愛爾蘭
威爾斯

歐盟會員國
27國
1993年～

Column 歐盟的南北落差和歐元的未來走向

法國經濟學家皮凱提（Thomas Piketty）在《二十一世紀資本論》一書中提到：「貨幣統一後，自然就能促成政治、稅務、財務上的統合，使得會員國之間的合作關係愈發密切。」

然而，歐盟各國的經濟狀況截然不同，希臘爆發財務危機後，曾傳出可能退出歐元區，英國脫歐也有引發骨牌效應之勢。相對於德法因歐元而受惠，有些國家則有意改回自家貨幣。

就近期而言，歐盟的未來並不樂觀，無論發生什麼都不奇怪，狀況令人擔憂。歐洲統合最終只是一場夢嗎？自由主義陣營的未來又會如何發展呢？

外野席 **英國脫歐真的沒有商量餘地了嗎？** 1952年，法國和西德、比荷盧聯盟、義大利組成「歐洲煤鋼共同體」，開啟了「統合歐洲」這場大規模實驗。1967年，歐洲終於組成夢寐以求的「歐洲共同體」。這不禁讓人疑惑，英國眼中難道只有自家利益嗎？

日本今後將何去何從？

少了傑出領袖安倍晉三的帶領，日本將往何處前進？

2020年
日本　領土外交問題

二〇二〇年八月二十八日，日本首相安倍晉三因潰瘍性大腸炎舊疾復發，自認無法回應人民的託付，突然表明將辭去首相一職。當時安倍剛創下日本首相最長在任紀錄，自第二次組閣以來，已歷經七年八個月的時間。

此消息有如晴天霹靂，日經平均股價一度狂跌超過六百點。安倍辭任的消息很快就傳遍了全世界，其中受到最大衝擊的，想必就是美國的川普總統了。

為什麼呢？相信不用說大家也知道，**美國與日本、澳洲、印度等國建起了一道中國包圍網**，而這個同盟的核心正是美國與日本。

今後日本勢必得與中國競爭對峙，對立的局面只會愈演愈烈，在任何時間點發生任何事情都不奇怪。因此，日本必須臨陣待命，做好萬全準備，修憲一事也實在不宜拖延，應立刻執行。

如今日本面臨許多外交問題，除了領土問題、北韓綁架被害人的救援行動，還有各種國家危機。日本政府若再不強硬起來，就只能眼睜睜地看著日本陷入絕境。「好人外交」、「金援大國日本」已然成為過去式，微笑外交已不再適用當今世道。日本必須拿出氣勢來，既然要出錢，就必須出意見、行使權力。

希望日本能夠以安倍首相請辭為契機，轉化自己在國際上的形象。

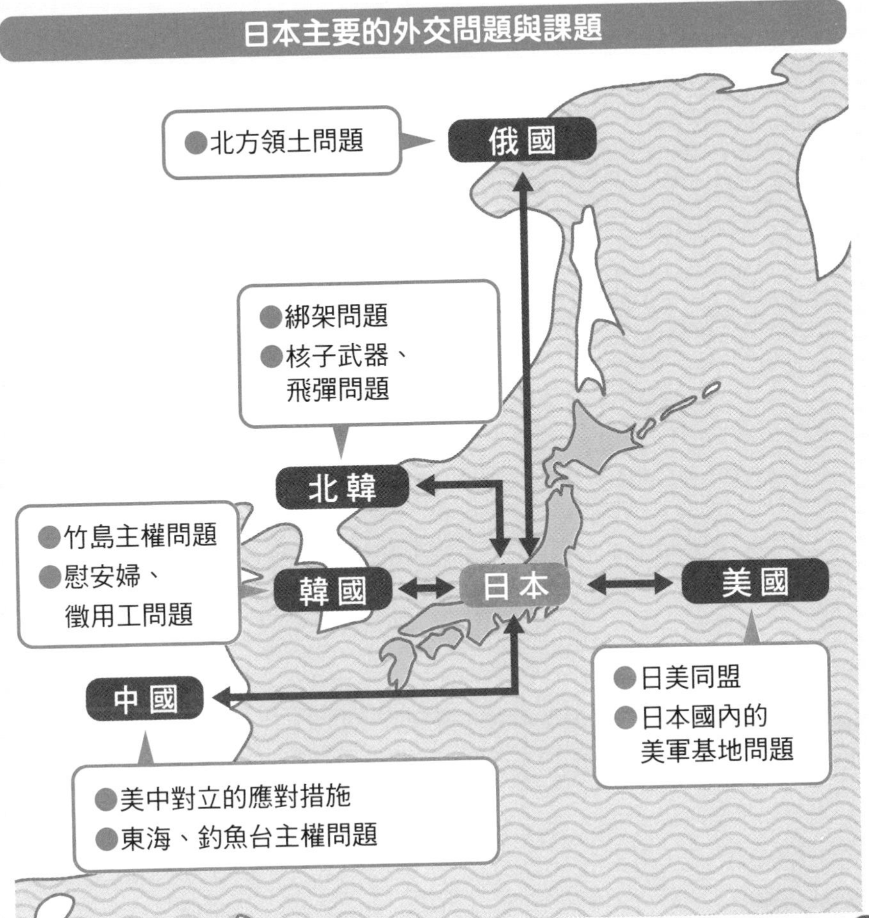

Column

重新定位大東亞戰爭

之前我讀到一分立論點很不同的報紙。

這分報紙名叫《日本時事評論》，他們以〈反轉世界秩序的大東亞戰爭〉、〈從白人殖民地統治中解放獨立〉為題展開了一系列的論述。

該報認為，現在的孩子學的都是將同盟國正當化的歷史，像是「大東亞戰爭讓亞洲人民受苦受難」、「大東亞戰爭是一場法西斯主義與民主主義之戰」……等，並呼籲世人應重新認識這段歷史。

我正襟危坐地讀完，在現今這個世道，很少有這般意見主張了。

該報還有一篇名為〈停滯的遺骨歸還〉的文章，描寫了戰死者的遺骨收容工作。讀著讀著，我不禁雙手合十、默禱了一番。

外野席 **作家伊藤整：除了與白人交戰別無他法** 大東亞戰爭爆發後，作家伊藤整於一九四一年十二月八日在日記寫下：「感想～日本唯有跟白人這種第一級人士交戰，才能建立世界一流人士的自覺，這是我們的宿命。」日本古時輸給中國，近代又輸給歐美列強，總是矮人一截，伊藤或許認為這是日本該正視的命運與宿命？

結語

破解迷局之道——溫故知新

美國川普政權在《美國對中華人民共和國的戰略方針》報告書中提到，「過去二十年來的對中政策是一場『錯誤』」。這分報告在全球引發了話題，日本的評論家大多也相當高興。

但我認為，川普政權和日本評論家都不能忘記一九五一年五月三日這個日子。當時麥克阿瑟因與杜魯門總統的對中政策意見相左，被解除盟軍最高司令官的職務，並在這天出席了參議院軍事外交聯合委員會的聽證會。

提問者好意問到：「元帥，您主張從海空封鎖赤化中國，這是否跟您當初在太平洋取勝日本的戰略相同呢？」他這麼問，其實是想要強化麥克阿瑟戰略的正當性。

然而，麥克阿瑟的回答卻令人跌破眼鏡。

「（日本）不產棉花，不產羊毛，不產石油，不產錫，不產橡膠，不產的東西太多了，而這些全都在亞洲海域。」

「如果切斷這些產地，將導致一千萬到一千兩百萬的人民失業，這讓日本感到害怕。日本之所以發起戰爭，大部分是為了保障安全而不得已為之。」

他又說：

「過去百年來，美國侵犯太平洋地區，最大的政治過失就是助長了中國的共產勢力，之後的百年我們都必須為此付出代價。」

美國敵視日本、放縱中國，如今就在自食當初的惡果。日本的東山再起，將成為今後全球走向的關鍵。

二〇二〇年九月　寫於自家書齋

鈴木旭

國家圖書館出版品預行編目資料

有趣到不想睡 世界史輕鬆讀：要看懂世界局勢，先從搞懂世界歷史的發展開始！／鈴木旭著； 劉愛夌、李雅婷譯 . -- 初版 . -- 臺中市：晨星出版有限公司，2022.03
面； 公分 . --（勁草生活；493）

譯自：眠れなくなるほど面白い 図解 世界史

ISBN 978-626-320-076-0（平裝）

1.CST: 世界史

711　　111000280

歡迎掃描 QR CODE
填線上回函！

勁草生活 493

有趣到不想睡

世界史輕鬆讀：

要看懂世界局勢，先從搞懂世界歷史的發展開始！

眠れなくなるほど面白い 図解 世界史

作者 鈴木旭
譯者 劉愛夌、李雅婷
責任編輯 王韻絜
助理編輯 姜振陽
校對 姜振陽、王韻絜
封面設計 戴佳琪
內頁排版 張蘊方

創辦人 陳銘民
發行所 晨星出版有限公司
407 台中市西屯區工業 30 路 1 號 1 樓
TEL：04-23595820　FAX：04-23550581
E-mail：service-taipei@morningstar.com.tw
http://star.morningstar.com.tw
行政院新聞局局版台業字第 2500 號
法律顧問 陳思成律師
初版 西元 2022 年 03 月 15 日（初版 1 刷）

讀者服務專線 TEL：02-23672044 ／ 04-23595819#212
讀者傳真專線 FAX：02-23635741 ／ 04-23595493
讀者專用信箱 service@morningstar.com.tw
網路書店 http://www.morningstar.com.tw
郵政劃撥 15060393（知己圖書股分有限公司）

印刷 上好印刷股分有限公司

定價 350 元

ISBN 978-626-320-076-0